Helga Fritzsche

Katzen

Alles über Anschaffung, Pflege
Ernährung und Krankheiten

Mit 26 Farbfotos der besten Katzenfotografen
und 55 Zeichnungen von Fritz W. Köhler

Gräfe und Unzer

Ein GU-RATGEBER

Redaktionsleitung: Hans Scherz
Lektorat: Doris Schimmelpfennig-Funke

Die Fotografen:

Adriaanse: Seite 27 oben, Seite 28 r. oben, Seite 45, Seite 46 oben und unten.
Animal/Thompson: Seite 55 r. oben und l. unten.
Ardea/Ferero: Seite 27 unten.
Bielfeld: 4. Umschlagseite l. unten.
Bisserot: Seite 28 l. oben und r. unten.
Coleman/Burton: 2. Umschlagseite, Seite 56.
Lauert: Seite 18.
Reinhard: 1. Umschlagseite, 3. Umschlagseite, 4. Umschlagseite l. oben, r. oben, r. unten, Seite 17, Seite 28 l. unten, Seite 55 l. oben.
Schmidecker: Seite 55 r. unten.

2. Auflage

Umschlaggestaltung: Constanze Reithmayr-Frank, München
Satz und Druck des Textteils:
Druckerei G. Wagner, Nördlingen
Offset-Reproduktion und Druck der Farbbilder und des Umschlages:
Graphische Anstalt E. Wartelsteiner, Garching
Bindung: Großbuchbinderei R. Oldenbourg, Heimstetten

ISBN 3-7742-2010-7

Umschlagseite 2: Siamkatze mit Jungem
Umschlagseite 3: Zwei Hauskatzen
Umschlagseite 4: Oben: Perser Chinchilla und Hauskatze, unten: Burmakatze und Schwarzweißer Perser

Inhalt

Inhalt

Ein Wort zuvor

Mit diesem neuen Katzen-Ratgeber möchte ich den noch unerfahrenen Katzenbesitzern das Wissen vermitteln, das sie für die Haltung und Pflege einer Hauskatze brauchen. Wichtig sind dabei vor allem eine ausgewogene Ernährung, richtige Behandlung bei Krankheit und Verletzungen und genaue Kenntnisse des Wesens und Verhaltens der Katze. Auch erfahrene Katzenhalter finden in diesem Buch, so hoffe ich, noch Neues und Interessantes, das ihre eigenen Beobachtungen ergänzt.
Falsche, weil vermenschlichende und moralisierende Betrachtungsweisen sind noch weit verbreitet. Auch bei Katzenfreunden, die unter Umständen ihre Tiere als »freiheitsliebend und eigenständig«, Nachbars Hund aber als »kriecherisch und Sklavenseele« bezeichnen. Das ist nicht nur falsch, weil es den Nachbarn ärgert. Katzen kennen lediglich begrenzte soziale Beziehungen und keine strenge Rangordnung. Sie schließen Freundschaften, lassen sich aber nie ganz »vereinnahmen«. Hunde dagegen haben als Rudeltiere ein angeborenes Gefühl für Hierarchie. Sie hängen an ihrem Herrn und folgen ihm, selbst wenn er es nicht verdient und man den Tieren anmerkt, daß sie sich bei ihm nicht wohlfühlen. Mit »kriecherisch« im menschlichen Sinn hat dies nichts zu tun.
Genauso wenig sind Katzen »falsch«, obwohl es immer wieder behauptet wird. Sie reagieren nur verärgert, wenn sie nicht richtig behandelt wurden oder schlecht gelaunt sind – ein Zustand, den ihnen jeder Kenner sofort ansieht. Katzen erwarten vom vertrauten Menschen, den sie als eine Art Mitkatze betrachten, daß er weiß, wie weit er gehen darf, und wehren sich gegen Verstöße gegen gutes »kätzisches Benehmen«.
Katzen sind natürlich auch nicht »grausam«. Sie sehen, auf frische Fleischkost angewiesen, Beutetiere wie Mäuse oder Vögel nicht anders, als wir einen guten Braten – der ja schließlich auch einmal lebte. Und auch das Spiel mit einer verletzten Maus geschieht nicht etwa aus Freude am Quälen – die Jägerin vermag sich Ängste und Schmerzen des Opfers gar nicht vorzustellen. Und das wäre die Voraussetzung dafür, daß sie am Quälen Freude empfindet.

So sieht eine gut gelaunte, unbeschwerte Katze aus, die ihre Bezugsperson freudig begrüßt.

Es gibt noch mehr irrationale Gründe für Katzenhaß: Hartnäckig sich haltende Überreste eines Aberglaubens, der im Mittelalter Frauen zu Hexen, Katzen zu Hexentieren erklärte. Noch immer ist die »schwarze Katz', die über den Weg läuft« vielen sonst aufgeklärten Zeitgenossen unheimlich. Um vieles besser erging es den Katzen im alten Ägypten, wo sie als heilige Tiere der Göttin Bastet und wichtigste Helfer im Kampf gegen Ratten und Mäuse verwöhnt und in Ehren gehalten wurden. Wer eine Katze tötete, mußte mit dem Tode büßen. Starb eine Katze, wurde sie betrauert und oft sogar einbalsamiert. Und von Mohammed wird berichtet, daß er eine auf

Ein Wort zuvor

dem ausgebreiteten weiten Ärmel seines Gewandes eingeschlafene Katze nicht weckte, selbst als die Stunde des Gebetes gekommen war. Er schnitt behutsam das Ärmelstück ab und folgte erst dann dem Ruf des Muezzins.
Zurück zur Gegenwart. Nur wenn Sie selbst wissen, auf was es bei der Katzenhaltung ankommt, lernen auch Ihre Kinder mit Katzen richtig umzugehen. Als wir unser erstes Kätzchen bekamen, war ich fünf Jahre alt. Die Kleine, eine kräftige Grautigerin mit weißem Lätzchen und weißen Pfoten, knapp 8 Wochen alt, gewöhnte sich rasch ein und wurde uns Kindern ein übermütiger Spielkamerad. Daß sie nicht immer zum Spielen aufgelegt war, daß sie ungestört schlafen und essen wollte, hatte Mutter uns schon vor ihrer Ankunft gesagt, und wir respektierten es. Sie erklärte uns auch, daß spielerisches Beißen und gelegentliches Kratzen nicht böse gemeint waren. So kam es nie zu Mißverständnissen.
Seit damals gab es für mich kaum katzenlose Zeiten. Ich konnte vieles beobachten und immer wieder dazulernen. Auch Sie werden merken, daß man sich mit solch temperamentvollen, eigenwilligen und lernfähigen Hausgenossen nie langweilt – vorausgesetzt allerdings, man ist bereit, ihnen viel Freiheit zu lassen.
Ein Wort noch zu den Vorwürfen, die man öfter hören kann, vor allem von Leuten, die keine wirkliche Beziehung zu Tieren haben: Man solle sich gefälligst um seine Mitmenschen kümmern, statt ein »Getue« um Tiere zu machen. Als ob Liebe, Rücksicht, Fürsorglichkeit bei Tieren ein entsprechendes Engagement für Menschen ausschließen! Ich meine, beides gehört zusammen. Auch mit dem Mitgeschöpf Tier kann man nicht wie mit einem »Wegwerfgut« umgehen.

In diesem Buch sind auch die Erfahrungen anderer Katzenhalter und verschiedener Tierärzte verwertet, mit denen ich mich oft und eingehend über die Probleme unserer Hauskatzen unterhalten habe. Ihnen sei an dieser Stelle gedankt. Wertvolle Kenntnisse verdanke ich auch den grundlegenden Schriften über Katzenverhalten von Professor Paul Leyhausen und dem Buch über Rassekatzen von Rosemarie Wolff. Gedankt sei an dieser Stelle den Tierfotografen und dem Tierzeichner Fritz W. Köhler, die mit ihren außergewöhnlichen Katzenbildern und Zeichnungen zur gelungenen Illustrierung dieses Katzenbuches beigetragen haben.
Zum Schluß noch ein Hinweis für die Eltern unter den Lesern: Wenn Sie die Katze in erster Linie Ihren Kindern zuliebe angeschafft haben, dann geben Sie auch ihnen das Buch zu lesen, sobald sie dazu in der Lage sind. Ich habe mich bemüht, so verständlich zu schreiben, daß Acht- bis Zehnjährige es ohne Mühe verstehen können. Das Beispiel der Eltern, ihr Erinnern an übernommene Pflichten bleiben trotzdem wichtig – einfach weil Kinder vergeßlich sind, weil sie Verantwortung, Rücksicht, Verläßlichkeit erst lernen müssen.

Viel Freude mit Ihren Katzen wünscht Ihnen

Helga Fritzsche

Mit Katzen leben

10 Gewissensfragen an den Katzenfreund

Wenn Sie sich ein Tier in die Wohnung (ins Haus) nehmen, müssen Sie sich im klaren darüber sein, daß dies Konsequenzen hat: Ob es ein Vogel ist, ein Kleinsäuger oder eine Katze – das Tier braucht seinen Platz, Pflege und Zuwendung. Sie brauchen dafür Zeit, Geduld – und Geld.
Sie haben vor, sich eine Katze anzuschaffen und möchten, daß sie es gut bei Ihnen hat, daß sie zu einem gesunden, lebhaften Tier heranwächst, an dem Sie lange Freude haben. Damit Sie sichergehen, ob Sie auch wirklich ein guter Katzenhalter werden können, sollten Sie sich die folgenden zehn Testfragen beantworten.
Wenn Sie nicht mindestens 7 der folgenden 10 Gewissensfragen ohne Einschränkungen mit ja beantworten können, sollten Sie sich überlegen, ob nicht andere Heimtiere (wie Goldfische, Meerschweinchen oder ein Wellensittichpärchen) günstiger für Sie sind.

Frage 1: Sind Sie bereit in Kauf zu nehmen, daß Ihre Wohnung in Zukunft nicht mehr so penibel sauber zu halten ist, daß auf Teppich oder Couch Katzenhaare herumliegen und daß an Möbeln Kratzspuren entstehen?
Frage 2: Ist gesichert, daß Ihre Katze tagsüber nicht länger als sechs Stunden zu Hause allein bleiben muß?
Frage 3: Wer eine Katze hält, muß damit rechnen, gelegentlich Tierkot beseitigen, eine Wunde von Blut oder Eiter säubern oder Erbrochenes wegwischen zu müssen. Können Sie diese Arbeiten ausführen, ohne Ihren Ärger darüber am Tier abzureagieren?
Frage 4: Ist Ihr Partner damit einverstanden, daß eine Katze ins Haus kommt?
Frage 5: Haben Sie bedacht, daß aus niedlichen und verspielten kleinen Kätzchen mit kindlichen Gesichtern und blauen Kulleraugen erwachsene Katzen werden? Und zwar recht eigenwillige Katzenpersönlichkeiten mit grünen oder gelben Augen, die tagsüber viel schlafen, nicht wie ein Hund gehorchen und oft wenig Lust zum Spielen haben?

Frage 6: Haben Sie sich vergewissert, daß Ihr Mietvertrag Ihnen das Halten einer Katze erlaubt?
Frage 7: Würden Sie, nachdem Sie eine Katze angeschafft haben, anfangs auch mal auf einige Wochenendfahrten oder andere Unternehmungen verzichten, um sich mit Ihrem neuen Hausgenossen zu befassen?
Frage 8: Haben Sie Verwandte, Bekannte oder Nachbarn, die bereit sind, Ihre Katze zu versorgen, wenn Sie auf Urlaub fahren?
Frage 9 (Für Erwachsene mit Kindern): Sind Sie in der Lage, Ihrem Kind, dem Sie eine Katze schenken wollen, klarzumachen, daß es täglich einen Teil seiner Freizeit opfern muß, um sich mit dem Tier zu beschäftigen (es zu pflegen)? Sind Sie bereit, es, wenn nötig, daran zu erinnern?
Frage 10: Sie können Ihre Katze nicht mit Resten vom eigenen Essen ernähren. Sind Sie in der Lage, für Ihre Katze monatlich DM 40,– bis DM 60,– Futtergeld auszugeben?

Überlegungen vor der Anschaffung

»Haus«- oder Rassekatze?

Sie haben sich für eine Katze als Hausgenosse entschieden. Aber was für ein Tier soll es sein: Eine »Hauskatze«, die als »Europäisch Kurzhaar« in verschiedenen Farbstandards mit Stammbaum gezüchtet wird, die es jedoch auch häufig als gewöhnliche, also nicht nach irgendwelchen Regeln gezüchtete Hauskatze gibt? Oder eine andere Rassekatze wie Perser, Siam, Birma, Havanna, um die wichtigsten zu nennen? Die Anschaffungspreise für Rassekatzen von Züchtern liegen zwischen ca. DM 100,– und DM 700,–, »gewöhnliche« Katzen bekommt man normalerweise geschenkt.

Adressen von Züchterverbänden in der Bundesrepublik, in Österreich und der Schweiz sowie Spezialliteratur über Katzenrassen finden Sie auf Seite 72. Was Intelligenz und charakterliche Eigenarten betrifft: Die Unterschiede im Wesen der einzelnen Katzen sind oft ausgeprägter als generelle Wesensunterschiede zwischen verschiedenen Rassen. Allerdings gibt es überzüchtete schöne »Dummerchen«, ja sogar taube Tiere und solche, die nur noch mit Kaiserschnitt entbinden können. Solche Katzen möchte ich Ihnen nicht empfehlen, auch wenn sie hoch prämiiert sind! Etwas anderes ist es natürlich mit dem Äußeren, da muß jeder selber wissen, was ihm besonders gefällt. Langhaarkatzen brauchen mehr Pflege als Kurzhaarkatzen, sie müssen vor allem während des Fellwechsels täglich gekämmt und gebürstet werden, in den Monaten dazwischen wenigstens alle zwei bis drei Tage. Siamkatzen vertragen, ähnlich wie Hunde, selbst stundenweise Abwesenheit des vertrauten Menschen weniger gut als andere Katzen und reagieren darauf oft mit lautem, ausdauerndem Geschrei.

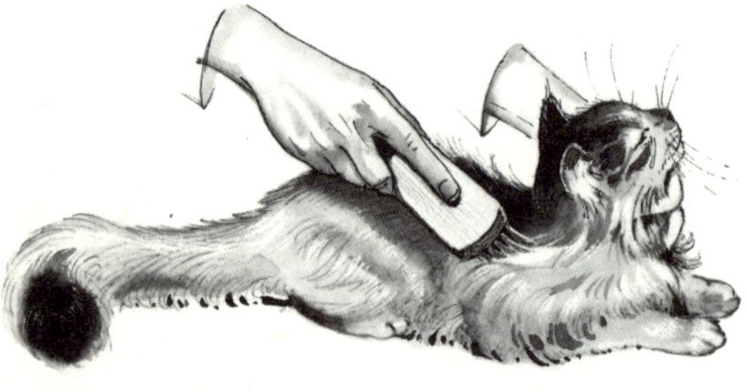

Denken Sie bei der Anschaffung daran: Langhaarkatzen müssen täglich gebürstet werden.

Wo man die Katze seiner Wahl bekommt

Wenn Sie in der Stadt wohnen, kaufen Sie Ihre Katze vielleicht im Zoogeschäft oder in der Zooabteilung eines Kaufhauses. Im seriösen Zoohandel werden kleine Kätzchen zu mehreren im großen Käfig mit Auslauf, Spiel- und Klettermöglichkeiten, mit Klokiste und Körbchen gehalten und katzenverständig betreut.

Hat Ihr Zoohändler gerade keine Kätzchen da, wird er auf Wunsch gern ein Jungtier besorgen. Sie müssen nur vorher mit ihm besprechen, was Sie möchten: Kater oder Katze, Haus- oder Rassekatze.

Vom Kauf über den Versandhandel kann ich nur abraten.

Und wenn Sie ein Kätzchen privat aus einer Familie bekommen können, in der Ihnen Menschen und Mutterkatze bekannt sind, ist das eine besonders gute Lösung.

Aber auch gewissenhafte Züchter (keine Massenzüchter) werden gern bereit sein, Ihnen ihre Tiere zu zeigen und sogar Wert darauf legen, sich mit Ihnen zu unterhalten, weil sie die Kätzchen ja gut unterbringen wollen (→Adressen, die weiterhelfen, Seite 72). Engagierte Katzenliebhaber, die »Gespür« für Tiere haben, können sich ein Kätzchen von einem Bauernhof oder aus einem Tierheim holen. Durch entsprechende Pflege, mit Geduld, Verständnis und Zuneigung entwickelt sich aus so einem, meist nicht »bestgepflegten«, vielleicht auch verschreckten Tier eine richtige Haus- und Familienkatze, die sich manchmal sogar besonders eng an den betreuenden Menschen anschließt.

Alter des Tieres bei der Anschaffung

Ein Kätzchen sollte möglichst bis zur achten Lebenswoche bei Mutter und Geschwistern bleiben, so haben Sie am ehesten Gewähr für weiteres gutes Gedeihen.
Außerdem hat das Kleine bis dahin manches von der Mutter gelernt, zum Beispiel das Wissen um die Gefährlichkeit von Hunden, Autos, fremden Menschen. Jedenfalls gilt das für freilaufende Katzen, die ihre Erfahrungen durch »Warnlaute« (Knurren) an die Kinder weitergeben. Kätzchen, die älter als acht bis neun Wochen und an Freiheit gewöhnt sind, bringen oft Probleme durch eine bereits erfolgte »Prägung« auf die alte Umgebung. Auch bei großer Liebe und Fürsorge des neuen Besitzers beginnen viele von ihnen zu »streunen«, um die alte Heimat wiederzufinden.

Einzeltier oder Katzenpärchen?

Sie können in einer großen Wohnung – und erst recht dann, wenn ein Garten als Auslaufmöglichkeit zur Verfügung steht – ohne weiteres zwei Tiere halten, am besten Wurfgeschwister. Die beiden kennen sich gut, können miteinander spielen – müssen aber zugleich immer die Möglichkeit haben, einander aus dem Wege zu gehen.

So erkennt man bei Jungkatzen, was ein Männchen und was ein Weibchen ist. Links: Kater, rechts: weibliche Katze.

Wichtig: Verschiedene erlaubte Ruheplätze für jedes Tier. Handelt es sich bei den Geschwistern um Katze und Kater, lassen Sie sie unbedingt im Alter von 7 bis 8 Monaten kastrieren und sterilisieren (→ Seite 39).

Checkliste für Krankheitszeichen

Darauf sollten Sie beim Aussuchen des Kätzchens besonders achten:
Das Fell gesunder kleiner Katzen fühlt sich dicht und weich an, nie struppig, obwohl der »Babypelz« noch nicht so glatt und glänzend ist wie die Behaarung ausgewachsener Tiere.
Die Augen dürfen weder tränen noch irgendwelche Absonderungen zeigen. Weiße, blauäugige Rassekatzen sind oft taub. Sie können das leicht selbst prüfen, wenn Sie mit dem Tierchen spielen und es durch Rufen oder

Papierrascheln hinter seinem Rücken auf sich aufmerksam zu machen versuchen.
Die Nase ist beim gesunden Tier trocken, warm, aber nicht heiß.
Die Ohren reagieren beim gesunden Kätzchen auf alle Geräusche der Umwelt. Sie sind innen ganz sauber. Kätzchen mit beginnender Ohrräude oder Ohrenentzündung legen den Kopf schräg nach der Seite mit der erkrankten Ohrmuschel und kratzen mit einem »gequälten« Gesichtsausdruck daran herum.
Verschmutzungen und Verklebungen am After deuten auf Durchfall hin.
Das ganze Tierchen soll rundum gut gepolstert sein und nicht »wie eine Feder« in der Hand liegen, wenn man es hochnimmt. *Nie darf der Bauch extra dick und aufgetrieben wirken* – außer direkt nach der Fütterung. Denn da sind manche Katzenkinder recht unmäßig.

Gesunde kleine Katzen spielen und toben viel – miteinander, mit Ihnen, mit Papierkugeln und Fädchen. Oder mit der eigenen Pfote, die sie unter dem Teppich verstecken und mit der anderen Pfote »fangen«. Sie legen aber auch tagsüber immer wieder kleine Schlafpausen ein, oft ohne Übergang aus vollem Spiel heraus. Das ist normal. – Wenn sie Sie noch nicht kennen, sind sie vielleicht vorsichtig, aber doch neugierig interessiert. *Kranke Kätzchen sind meist apathisch und teilnahmslos.*

Wie halten – wo unterbringen?

Das Revier Wohnung

Wir sprachen schon davon: Katzen können, von klein auf daran gewöhnt, ausschließlich in der Wohnung gehalten werden. Sie müssen dann aber wirklich in der ganzen Wohnung (die Speisekammer vielleicht ausgenommen) Bewegungsfreiheit haben und die Möglichkeit, sich ihre Schlaf- und Spielplätze selbst auszusuchen, abgesehen davon, daß bestimmte Einrichtungsgegenstände nur für die Katze angeschafft werden sollten (→Seite 12). Da frische Luft und Sonne für die Erhaltung der körperlichen Widerstandskraft sehr wichtig sind, ist ein maschendrahtgesicherter Balkon eine gute Ergänzung. Notfalls hilft ein ebenso gesicherter, an einem besonnten Fenster herausgebauter Sitzplatz, an dem die Katze nicht im Zug sitzt. Bitte achten Sie darauf, daß das Tier zwischen Sonne und Schatten wählen und auch jederzeit ins Haus zurück kann.

Zusätzliche Auslaufmöglichkeit im Garten

Und wer, wie ich, am Stadtrand wohnt, an einer kurzen »Anliegerstraße«, die sogar von Lieferautos nur langsam befahren wird, mit Feld, Weide und Scheune hinterm Garten, sollte seiner Katze nach der Eingewöhnung völlige Freiheit gewähren. Trotz Begegnungen mit anderen Katzen und Beutefang wird sich eine enge persönliche Freundschaft zwischen Ihnen und Ihrer Katze entwickeln. Wohnen Sie in der Nähe einer stark befahrenen Straße, ist die Lage anders. Zehntausend Katzen werden jedes Jahr überfahren! Manchmal müssen die Tiere vor dem Ende noch große Schmerzen ausstehen, und immer ist der Kummer für die Besitzer groß.

Großer und kleiner Zwinger

Wenn Sie die Gefahr vermeiden und die Katze trotzdem nicht nur in der Wohnung halten möchten, wenn Sie kleine Katzen gefahr- und risikolos aufziehen möchten, ist ein möglichst geräumiges Außengehege mit Sonnen- und Schattenplätzen, Spiel- und Klettermöglichkeiten empfehlenswert. Im Idealfall steht es so mit der Wohnung in Verbindung, daß die Katzen selbst wählen können, ob sie drinnen oder draußen sein wollen. »Zwingeraufzucht« ohne dauernden Kontakt lehne ich allerdings genauso ab wie jeder andere Katzensachverständige. Das Außengehege muß natürlich auch von oben mit rostfestem Maschendraht geschlossen sein. Wählen Sie grünummanteltes oder, noch stabiler, verzinktes Drahtgewebe. Säen Sie eine robuste Rasen- oder Wiesenmischung aus und lassen Sie sie zusammenwachsen, möglichst *bevor* die Katzen einziehen. Ein nicht zu kleines Stück Erde, am besten zwischen Sträuchern, wird gegraben, mit Sand und Torf gemischt und unbesät gelassen: Das Freiland-Katzenklo, dessen Erde in größeren Abständen je nach Notwendigkeit ausgewechselt wird.

Die Katzen-Ausstattung

Katzenkörbchen

Für jede Katze brauchen Sie ein mit weichem Kissen oder einer entsprechenden Decke gepolstertes Körbchen. Am beliebtesten sind die sogenannten Höhlenkörbchen. Die weichen Einlagen sollten waschbar sein. Und stellen Sie das Körbchen an einen zugfreien, ruhigen Platz.
Erwarten Sie aber bitte nie, daß Ihre Katze nun stets in diesem Körbchen schläft. Sie wird sich im Lauf der Zeit mit ziemlicher Sicherheit noch ein paar andere Lieblingsplätze erobern, einmal den einen, dann wieder den anderen bevorzugen. Das ist Katzenart.

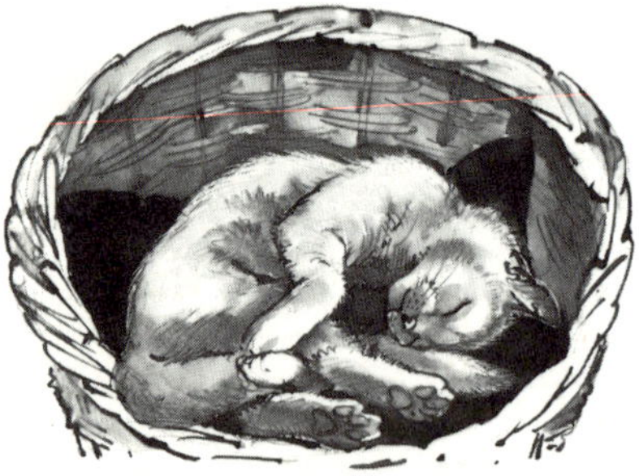

Stellen Sie das Körbchen an einen ruhigen, geschützten Platz.

Klokiste und Einstreu

Auch eine Klokiste brauchen Sie unbedingt. Nicht nur für Wohnungskatzen, sondern auch für »Katzen mit Auslauf«, die man in der ersten Zeit im Haus halten und erst nach völliger Eingewöhnung ins Freie lassen darf. Abgesehen davon, daß Jungtiere bei schlechtem Wetter oder wenn sie einmal krank sind, ihr Geschäft am besten unter Dach erledigen.

Auch Katzen mit Auslauf brauchen ein Katzenklo.

Und schließlich: Wenn Sie einen Tagesausflug machen oder aus anderen Gründen für ein paar Stunden abwesend sind, braucht die Katze außer Futter und Milch (Wasser) ein sauberes »Kästchen«.
Als Einstreu eignet sich am besten die überall erhältliche mineralische Katzenstreu. Was verklumpt und naß ist, läßt sich leicht mit einem kleinen Schäufelchen herausnehmen, der Rest kann weiter verwendet werden. Wenn Sie das Katzenklo nach jedem »Geschäft« rasch säubern, geht Ihre Mieze mit ziemlicher Sicherheit in keine andere Ecke. Sonst aber vielleicht doch, einfach weil sie es verabscheut, sich ins Nasse und gar in die eigenen Exkremente zu setzen.

Futtergefäße

Die zwei notwendigen Schüsselchen oder Näpfchen fürs Futter (für Fleisch oder Trokkenfutter das eine, für Milch, Milchbrei oder Wasser das andere) sollten, da sie nach jeder Mahlzeit gründlich gereinigt werden müssen, auch leicht zu säubern sein. Katzenmägen sind überaus empfindlich in bezug auf nicht mehr völlig frisches Futter und Futterreste!

Die Katzen-Ausstattung

Die Katzenleine

Für Wohnungskatzen und Tiere, die vielleicht einmal mit in den Urlaub genommen werden, brauchen Sie ein Brustgeschirr mit Leine (→Seite 23). Gewöhnen Sie schon das junge Tier mit 10 bis 12 Wochen daran, für jeweils kurze Zeit öfter einmal an der Leine zu gehen. Haben Sie dabei Geduld, ziehen und zerren Sie nicht. Eine Katze wird nie wie ein Hund mitlaufen!

Kratzbrett und Kletterbaum

Für Wohnungskatzen besonders wichtig, aber auch für »Auslaufkatzen« empfehlenswert ist ein mit einem derben Stück Teppichboden, mit Rupfen oder einer festen Bastmatte bespanntes Brett (oder ein Pfosten) zum notwendigen »Krallenschärfen«, das die Krallen zugleich auch abnützt. Diese Anschaffung

Wenn Sie möchten, daß Ihre Möbel geschont werden, gewöhnen Sie die Katze rechtzeitig an ein Kratzbrett . . .

kommt Ihren Polstermöbeln sehr zugute (→unten). Das Herausoperieren der Krallen, manchmal empfohlen, ist eine Grausamkeit – es ist ähnlich, als würde man einem Menschen die obersten Fingerglieder entfernen.

. . . oder an einen stoffumwickelten Kratzbalken.

Wer genug Platz hat, kann der »berufsmäßigen Wohnungskatze« außerdem einen Kletterbaum aufstellen. Jeder Bastler ist in der Lage, so etwas selbst anzufertigen. Der »Stamm« sollte einen Umfang von 40 bis 50 cm, die »Äste« sollten einen von 25 cm haben, die Oberfläche des Holzes ist am besten rauh (→Seite 21). *Wichtig:* Der Baum muß ganz fest stehen. Kippt er einmal, wagt die Katze wahrscheinlich nicht mehr, ihn zu benützen.

Die Katzen-Ausstattung

Katzentüre

Wenn Sie nächtliches Aufstehen zum Aus- und Einlassen Ihrer frei laufenden Katze nicht schätzen, bringen Sie irgendwo eine Katzentür oder ein Katzenloch an, so bemessen, daß kein größeres Lebewesen durchschlüpfen kann. Sehen Sie sich vorher die Zeichnung (→unten) genau an. Da Katzen nachts durchaus auch einmal lebende Mäuse von der Jagd mit in die Wohnung bringen, ist es ratsam, die Katzentüre an einem »unempfindlichen« Raum, eventuell einem Kellerraum zu planen. Man kann ein entsprechend großes Stück aus der Fensterscheibe schneiden und von innen einen Klappvorhang als behelfsmäßigen Kälteschutz anbringen. Die Tür(en) zu anderen Räumen sollte(n) nachts unbedingt geschlossen bleiben, damit keine Maus Gelegenheit hat, sich dorthin zu flüchten.
In den für die Katzentür vorgesehenen Raum stellen Sie bitte auch (ein bißchen erhöht, nicht auf den kalten Boden) Korb, Kiste oder festen Karton mit warmen Decken, etwas Trockenfutter, eine Schale Wasser.

Die praktische Katzentüre mit Klappvorhang als Kälteschutz.

Kamm und Bürste

Ein stabiler Kamm mit weitstehenden, nicht spitzen Zinken und eine Bürste mit festen Borsten (nicht aus Draht!) sind vor allem für Langhaarkatzen wichtig. Sie sollten zu festen Zeiten zweimal täglich gebürstet und gekämmt werden. Es geraten sonst zu viele Haare in den Magen, was zu Komplikationen führen kann, die einen Besuch beim Tierarzt nötig machen. Und während des Haarwechsels »verkommen« die Tiere sonst äußerlich regelrecht.
Auch Kurzhaarkatzen schätzen es, gebürstet zu werden, obwohl sie mit der Fellpflege allein zurechtkommen. Während des Haarwechsels hilft Bürsten, die Wohnung weitgehend von herumliegenden Haaren frei zu halten.

Eingewöhnung, Haltung und Pflege

Heimtransport

Der Transport nach Hause bedeutet Aufregung und Strapaze. Wählen Sie deshalb den kürzesten Weg und vermeiden Sie alle Umwege. Wenn Sie das Tierchen tragen müssen, ist es am besten in einem festen Karton mit mehreren Luftlöchern oder in einem verschließbaren Korb aufgehoben. Der Transportbehälter muß am Boden mit Plastik, darauf Zeitungslagen und darüber mit einem weichen Tuch ausgelegt sein. Plastik und Zeitungen sind nötig, weil auch völlig stubenreine Katzen manchmal aus Angst und Schrecken Pfützchen machen.
Für den Transport im Auto sollte man möglichst zu zweit sein. Der Mitfahrer, natürlich auf dem Rücksitz, kann das Kätzchen in einer Tasche, gepolstert wie oben beschrieben, auf dem Schoß halten, es streicheln, beruhigend und leise mit ihm sprechen. Bitte dabei unbedingt am Aus-der-Tasche-Klettern hindern, damit es nicht dem Fahrer auf den Kopf springt oder sich unterm Sitz verkriecht.

Die ersten Tage daheim

Zu Haus lassen Sie das Kleine am besten zuerst nur in *einem* Zimmer laufen, und zwar in dem, das auch für später als »Hauptaufenthaltsraum« (Revier erster Ordnung) vorgesehen ist, und in dem sich bereits die ganze Katzenausstattung befindet.
Hier wird nun sicher bald alles ausgiebig beschnüffelt, jede Ecke erkundet. Offenstehende Schubladen oder Schranktüren haben eine magische Anziehungskraft! Und vielleicht finden Sie das Kätzchen bald friedlich schlafend zwischen Schulheften und -büchern oder zwischen Socken und Unterwäsche.
Sie sollten es in diesen ersten Stunden und Tagen möglichst wenig allein lassen. Die Bindung junger Katzen an Mutter und Geschwister ist sehr eng – Sie müssen Ihrem Tier den Verlust ersetzen, es streicheln, kraulen, mit ihm spielen und immer darauf gefaßt sein, daß es Ihnen öfters vertrauensselig zwischen die

Vorsicht Verletzungsgefahr! Junge Katzen laufen Ihnen noch unbefangen hinterher.

Beine läuft, sich reibt (»Köpfchen gibt«, →Seite 51), an Ihnen hochzuklettern versucht und keine Ahnung hat, daß zuklappende Türen lebensgefährlich werden können. Weshalb man Türen entweder nur nach genauem Hinsehen schließen oder von vornherein feststellen sollte. (Mehr darüber →Seite 25.)
Natürlich muß auch Futter angeboten werden – und etwas zu trinken, am besten 7,5%ige Büchsenmilch, mit warmem Wasser um knapp die Hälfte verdünnt und auf Körperwärme gebracht. Bezüglich des Futters haben Sie sich sicher vorsorglich erkundigt, wie der Speiseplan bisher aussah und etwas vom »Gewohnten« im Haus – zumindest für den Anfang, damit die Umstellung langsam vor sich gehen kann. Andernfalls probieren Sie, was

Wenn Nils seine Hausaufgaben macht, sind Murkel und Mio stets in der Nähe. ▷

Sie im Kapitel »Katzen-Ernährung« (→Seite 31) finden.
Erst wenn dem Katzenkind »sein« Zimmer vertraut ist, lassen Sie es auch die übrige Wohnung erkunden. Und noch ein wenig später den (hoffentlich gut gesicherten) Balkon (→Seite 25) und – wenn vorhanden – den Garten.

7 Grundregeln für den Umgang mit Katzen

1. Vermeiden Sie – vor allem in der ersten Zeit – Hektik, Lärm und lautstarkes Reden, das erleichtert dem Kätzchen die Eingewöhnung. Aber auch erwachsene Katzen schätzen es, wenn Sie sich in diesen Dingen ein bißchen Disziplin auferlegen. Sie ziehen sich sonst zurück und werden in extremen Fällen sogar neurotisch: schreckhaft, scheu, nervös. Am wenigsten übel nehmen eingewöhnte Katzen meiner Beobachtung nach Kinderlärm, als verstünden sie, daß Kinder anders sind und sein müssen als Erwachsene. Wie sie auch eine gewisse Tolpatschigkeit ohne Bosheit bei kleinen Kindern tolerieren, sie bei größer gewordenen Kindern aber abwehren. Ausnahme: Alte Tiere, die schon sehr ruhebedürftig und oft ein bißchen »eigen« sind.
2. Streicheln und kraulen Sie Ihre Katze, spielen Sie mit ihr und gehen Sie auf ihre Spiele ein. Vergessen Sie aber auch nicht, mit ihr zu reden. Natürlich versteht sie nicht »jedes Wort«, aber doch die Bedeutung mancher, häufig wiederholter Worte: Ihren Namen (er sollte nicht zu lang und gut zu rufen sein), »nein«, »komm« – und vor allem die Freundlichkeit in Ihrer Stimme, auf die sie meist sofort ebenso freundlich antwortet.
3. Nehmen Sie nie das Kätzchen und die große Katze am Nackenfell hoch, sondern so, wie die Zeichnung es zeigt (→unten). Manche Katzen, die es von klein an gewöhnt sind, lassen sich außerdem gern wie ein Baby, Bauch und alle vier Pfoten nach oben, tragen, beispielsweise unsere Putti (→unten).

So heben Sie die Katze richtig hoch (nicht lose am Nackenfell packen!) . . .

. . . und auch so läßt sie sich gerne von Ihnen tragen.

◁ Eine Katze fällt vom Himmel (o. l.). Während des Fallens dreht sie sich (o. r. und u. l.) und landet sicher auf den vier Beinen.

4. Lassen Sie die Katze schlafen, wenn sie müde ist. Vor allem das Katzenkind, das besonders viel Schlaf braucht und Ihnen vielleicht noch nicht »pfotengreiflich« zeigt, wenn ihm etwas zu viel wird. Machen Sie auch Ihren Kindern klar, daß sie da Rücksicht nehmen müssen, damit das Kätzchen gedeiht und nicht scheu wird. Sie müssen auch lernen, sich dann mit der Katze zu befassen, wenn sie ausgeschlafen, wach und unternehmend ist.
5. Stören Sie die Katze weder beim Essen und Trinken, noch bei ihrem Geschäft im Katzenklo, zu dem sie genausoviel Ruhe braucht.
6. Keine Katze verträgt es, an Ohren, Schnurrhaaren oder Schwanz gepackt oder gezupft zu werden.
7. Lassen Sie Ihre Kinder beim Versorgen der Katze, beim Füttern und Bürsten, aber ruhig auch beim Säubern von Futterschüsseln und Klo helfen. Sie lernen dadurch Fürsorglichkeit und Verantwortungsgefühl. Aber Sie behalten die Hauptverantwortung, müssen erinnern, wenn es nötig ist, oder ausnahmsweise einmal vergessene Pflichten übernehmen. Denn die Katze braucht auf alle Fälle regelmäßige Versorgung.

Ratschläge für das Zusammengewöhnen mit anderen Tieren

Wenn Sie schon einen *Hund* haben, wird es kaum besondere Schwierigkeiten geben (außer er ist infolge schlechter Erfahrungen bereits ein Katzenfeind). Die »Erbfeindschaft« zwischen Katze und Hund ist ein Märchen – wie manches, was über Tiere im Umlauf ist. Feindseligkeiten zwischen beiden Tieren werden eigentlich immer nur durch »Sprachschwierigkeiten« ausgelöst, das kann jeder gute Beobachter selbst feststellen. Zum Beispiel: Ein Hund wedelt in kontaktbereiter, freundlicher Stimmung – bei einer Katze bedeutet ähnliches »Schlagen mit dem Schwanz« gespannte Aufmerksamkeit, aber auch Gereiztheit und Aggressivität. Hunde beschnüffeln sich beim ersten Kennenlernen bereits gründlich, auch am After – Katzen sind wesentlich zurückhaltender, beriechen sich erst nach einer gewissen Zeit Schnäuzchen an Schnäuzchen und reagieren auf allzu rasche Annäherungsversuche, die sie ihrem Wesen nach als Angriff auffassen müssen, mit Abwehr: Fauchen, drohendem Heben der Pfote; letzteres ist beim Hund eine Bettelgeste und bedeutet: Spiel mit mir. Das sind nur zwei Beispiele von vielen. Junge Hunde und Katzen, die miteinander aufwachsen, lernen jeder spielerisch und selbstverständlich des anderen Sprache und können dadurch nicht nur in Frieden leben, sondern sogar zu Freunden werden.

Wenn der Hund die Pfote hebt, möchte er spielen. Bei der Katze bedeutet diese Haltung Angriff.

Und ein gut erzogener, erwachsener Hund lernt auf Ihre Worte hin rasch, daß die kleine Katze, die Sie mitgebracht haben, nun zur Familie gehört und deshalb freundlich behandelt werden muß. Vor allem wenn er selbst nicht vernachlässigt wird, wenn Sie ihm weiter zeigen, daß Sie ihn gern haben. Ich erinnere mich noch gut an den riesigen, scharfen Schäferhund guter Bekannter, der trotz ausge-

prägter Neigung zum Wildern alle Tiere des kleinen Anwesens als seine Schützlinge betrachtete. Eines Tages kam ein neues, acht Wochen altes Kätzchen ins Haus. Es saß in der Küche, als der Hund hereintrottete, die Kleine bemerkte und freundlich wedelnd seinen Kopf zu ihr hinunter beugte. Da plusterte sich das Katzenkind auf, verschreckt und in Abwehr, und hieb ihm das Pfötchen mit »ausgefahrenen« Krallen über die Nase. Der große Hund schüttelte sich ein bißchen, blieb aber sitzen und wedelte wieder. Es dauerte nicht lange, bis die beiden sich vertrugen und die Kleine mit in »Erbfeinds« Korb schlief.
Wenn Sie bereits eine erwachsene Katze haben, ist alles ungewiß. Manchmal freunden sich die beiden rasch an, manchmal reicht es nur eben zur Duldung. So ziemlich alles hängt von der alteingesessenen Katze ab, denn junge Tiere suchen eigentlich immer den Kontakt zum Artgenossen. Allerdings wird eine normale Katze einem Katzenkind nichts Ernstliches tun. Unsere Beppi, eine bejahrte Katzendame, fauchte und hob drohend die Pfote, als ihr zum erstenmal das Findelkind Putti, kaum fünf Wochen alt, vor Augen kam. Da ließ die Kleine sich spielerisch auf den Rücken fallen und blieb so liegen, Beppi räumte das Feld – ein Katzenkind wird von einem normalen erwachsenen Tier eben auch bei Abneigung nicht angegriffen.
Meerschweinchen und Kaninchen (die aber wenigstens halbwüchsig, besser noch ausgewachsen sein sollten) lassen sich ohne große Mühe mit einer kleinen Katze zusammengewöhnen. Lassen Sie die Tiere aber bitte erst dann unbeaufsichtigt allein, wenn Sie sicher sind, daß Meerschweinchen oder Kaninchen sich erfolgreich gegen unvermeidliche Frechheiten der kleinen Katze wehren können. Bei sehr jungen Katzen kann zuerst auch das Umgekehrte gelten. Helfen Sie beim Vertrautwerden durch gleichmäßige Verteilung Ihrer Freundlichkeit und Zuwendung! Die Katze wird dann auch als erwachsenes Tier diese ihr persönlich bekannten Hausgenossen respektieren.
Kleine Vögel, Goldhamster, Mäuse aller Art, kleinere Reptilien wie Geckos, Eidechsen, junge Schildkröten, aber auch Frösche, Kröten und Fische sind für Katzen so aufregend und verlockend, daß ich es mit einer Gewöhnung sicherheitshalber nie versucht habe, sondern die Tiere immer getrennt hielt. All diese kleinen Hausgenossen leben ja sowieso in (möglichst geräumigen und zweckentsprechend eingerichteten) Volieren, Käfigen, Terrarien oder Aquarien. Sie müssen dafür sorgen, daß die Katze nie dort auch nur »hineintatzeln« kann, weil das allein für diese Tiere schon lebensgefährlich ist.

Vorsicht! Decken Sie das Aquarium zu. Manche Katzen »angeln« gern.

Erziehung zur Sauberkeit

Ein gesundes Kätzchen ist sozusagen im Handumdrehen sauber, wenn ein immer sauber gehaltenes Katzenklo in einer etwas sichtgeschützten Ecke zur Verfügung steht. Sie müssen nur in den ersten Stunden aufpassen, wenn das Kleine unruhig wird und, manchmal mauzend, zu suchen beginnt. Nehmen Sie es dann vorsichtig auf den Arm und setzen es auf sein Klo. Oft wird es schon bei diesem ersten Versuch begreifen, ein bißchen herumscharren, sein Geschäft erledigen und es vielleicht sogar vorschriftsmäßig, wie eine erwachsene Katze, zuscharren. Manchmal müssen Sie ein zweites und drittes Mal nachhelfen – und vielleicht das Zuscharren vormachen. Aber damit ist auch alles erledigt.

Katzen sind von Natur aus reinlich. Auch der After wird stets saubergehalten.

Wenn nicht, dann wird die Kiste nicht sauber genug gehalten. Nach jeder Entleerung muß mit einem Schäufelchen die verschmutzte Streu entfernt, wenn nötig aufgefüllt werden. Einmal wöchentlich wird gründlich gesäubert – mit heißem Wasser ausgebürstet – und ganz frisch gefüllt. Ist der Kot breiig oder gar flüssig, stimmt es mit der Ernährung nicht (→Seite 31) oder eine Krankheit steckt dahinter (→Seite 35).
Also bitte: Nie strafen, weder einen Klaps geben noch, barbarische Methode, die Nase in

Der praktische Kletterbaum für die Wohnung: zum Herumturnen und zum Krallenwetzen.

die Bescherung tunken, sondern die jeweilige Ursache abstellen.
Polstermöbel sollen bequem sein und in Aussehen und Stil zur übrigen Wohnung passen, Gardinen Sichtschutz geben und harmonische Ergänzung zu den übrigen Farben des jeweiligen Zimmers sein – meinen Sie!
Kleine Katzen sind da ganz anderer Ansicht. Zwar schätzen auch sie das Ruhen auf Polstermöbeln, aber wozu sollten Gardinen, Bast- und Stoffbespannungen wohl gut sein, wenn nicht zum Hochklettern und Krallenschärfen – und auch Polstermöbel sind für »einseitige Nutzung« natürlich viel zu schade. Wir sind in der glücklichen Lage, nur ein Polstermöbelzimmer zu haben, in das Katzen eben erst in gesetztem Alter, zuerst unter

Aufsicht, hineindürfen. Die Bastbespannung an der Garderobe ist stabil und hat 15 Jahre lang unsere verschiedenen Katzen, ihre Kletterkünste und ihr Krallenwetzen relativ schadlos überstanden. Und von den Vorhängen konnten wir die Kleinen eigentlich immer rasch mit anderem Spielzeug weglocken, eine gute und sichere Methode. Die paar gezogenen Fäden zupfte ich eben wieder zurecht.

Die guten Tischmanieren

Das meine ich ganz wörtlich. Denn die guten Manieren am Futternapf lernen kleine Katzen rasch und ohne Nachhilfe. Auch wenn sie zu Anfang im Eifer in den Napf steigen und sich gründlich bekleckern, die angeborene Neigung zur Sauberkeit läßt sie bald graziös und appetitlich speisen. Aber wie ist es, wenn die Familie bei Tisch sitzt? Das Kätzchen bekommt hier und da ein Häppchen Butterbrot oder Wurst – es ist ja so drollig, stellt sich dann sogar auf die Hinterbeine und angelt mit den Pfötchen, die Familie freut sich und lacht.

Der Eßtisch sollte für die Katze von klein an tabu sein.

Die Kleine hopst auf Stuhl und Tisch – niemand schimpft.
Aber wenn sie groß ist, empfindet man auf einmal das nun gewohnte Betteln, die Tapser der Pfoten auf dem Tischtuch als lästig – also wird sie gescheucht. Wie soll sie das begreifen?
Sie müssen von Anfang an wissen, was Sie auch dem ausgewachsenen Tier erlauben wollen und ganz konsequent nur das schon beim Katzenkind dulden.
Betteln und Auf-den-Tisch-Springen gibt es nicht, wenn Sie die Katze regelmäßig *vor* Ihren Mahlzeiten mit dem für sie richtigen Futter versorgen und sie mit energischem »Nein« vom Tisch setzen, sollte sie doch einmal hinaufspringen.

Katzen, die mausen, stehlen auch

Vielleicht begreifen Sie nun besser, warum bei uns in manchen Gegenden das Wort mausen dasselbe wie stehlen bedeutet. Jede richtige Katze stiehlt – auch wenn sie weiß, daß sie es nicht soll – in unbeobachteten Momenten. Finden Sie sich damit ab, daß sie nie gehorchen wird wie ein Hund, versuchen Sie es bitte mit keiner Art von Strafe, sondern räumen Sie alles, was »in Versuchung führen könnte«, außer Reichweite – nicht nur Fleisch und Wurst, sondern beispielsweise auch Kuchen, der mit Vorliebe ein bißchen angeknabbert wird!

Gewöhnung an Auto und Leine

Wenn Sie vorhaben, Ihre Katze öfter im Auto mitzunehmen, versuchen Sie sie von klein auf daran zu gewöhnen, zuerst auf kürzeren Fahr-

ten. Und nachdem sie das Fahrzeug schon schnuppernd in Ruhe erkunden durfte. Immer muß außer dem Fahrer jemand da sein, der sich um das Kätzchen kümmert! Und lassen Sie es höchstens für kurze Zeit (nicht länger als eine halbe Stunde) allein. Das Auto muß dabei im Schatten parken und gelüftet sein, aber so, daß das Tier nicht hinaus kann. Vorsicht! Wo eine Katze ihren Kopf durchschiebt, kann sie sich auch ganz durchzwängen. Und wenn sie in fremder Umgebung das Auto verläßt, erschrickt sie so, daß sie wahrscheinlich »falsch« reagiert, überfahren wird oder sich unauffindbar verkriecht.
Für kurze Wege in fremder Umgebung sind Geschirr und Leine praktisch (→unten). Ge-

Die Katzenleine für Urlaub und Auslauf in der Großstadt.

wöhnen Sie das Tier früh daran, ungefähr im Alter von drei Monaten. Wenn Sie es im Garten und in der Wohnung führen, spielen Sie zugleich mit ihm. Nicht ungeduldig werden und nicht zerren – lieber immer wieder ein bißchen auf den Arm nehmen.
Leider führen diese erprobten Ratschläge nicht bei jeder Katze zum Erfolg, die einzelnen Tiere sind im Temperament zu unterschiedlich.

Verhaltenstips bei Ärger mit Gartennachbarn

Weil ich weiß, daß gutnachbarliche Beziehungen durch Tiere, auch durch Katzen, empfindlich gestört werden können, möchte ich Ihnen helfen, das zu vermeiden. Gute Nachbarschaft ist wert, daß man sie pflegt – und um die Verbesserung weniger guter sollten Sie sich, auch im Interesse Ihrer Katze, unbedingt bemühen.

Streitpunkt eins: Die Katze hat im frisch hergerichteten Beet des Nachbarn gescharrt und ihr Geschäft gemacht. Erklären Sie freundlich, daß Katzen verständlicherweise ein trokkenes »Klo« schätzen, und daß sie bei gleichmäßiger Feuchtigkeit des Beetes – was auch Aussaaten und frisch gesetzten Pflänzchen am besten bekommt – die Lust verlieren, gerade hier zu scharren.

Streitpunkt zwei: Die Katze hat Vögel an Vogeltränke oder Futterhaus belauert, ist ins Futterhaus gesprungen, hat versucht, Jungvögel oder Vögel im Nest zu erwischen. Versuchen Sie zu erklären, daß moralische Wertungen dieses Verhaltens falsche Vermenschlichung sind, daß Sie aber gern durch Tips helfen wollen, der Katze solche Dinge zu verleiden: Vogelfutterhäuschen sitzen sicher auf 1,80 bis 2 m hohen Stangen, die zum Klettern zu dünn und glatt, zum Hinaufspringen zu hoch sind. Man kann auch einen Kletterrosenzweig um die Stange winden – das verleidet jeder Katze das Klettern. Vogeltränken stehen am besten in der Nähe von Büschen und Bäumen, die nur nicht die Sicht versperren, also nicht unmittelbar neben der Trinkschale wachsen dürfen, denn nasses Gefieder erschwert weitere Flüge! – Koniferen und

Dornsträucher (sehr schön Wild- und Parkrosen, Passendes im Garten-Center erfragen) bieten brütenden Vögeln und Jungvögeln Schutz, Nester auf Bäumen schützt man durch Stachelkragen um den Stamm. Katzen scheuen und meiden alles, was ihnen das Fell zerzaust. Sondertip für Sie: Bieten Sie dem Nachbarn ein bißchen praktische Hilfe für die nötigen Maßnahmen an, oft ist er dadurch zu besänftigen.

Streitpunkt drei: Die Katze hat Tiere in einer Freivoliere, im Gatter, im Freilandterrarium oder Gartenteich belauert, erschreckt oder sogar verletzt.
Für dieses Problem müssen Sie ein bißchen Zeit opfern, jedenfalls, wenn der Nachbar

Ein blühender Dornstrauch als Katzen-Schutz für das Vogelhaus.

diese Aufgabe nicht selbst übernehmen möchte. Kaufen Sie eine Wasserpistole, füllen sie und »beschießen« Ihre Katze mit dem dünnen Wasserstrahl, wenn sie gerade die verbotenen Tiere anschleicht. Sie müssen sich dabei so aufstellen, daß die Katze Sie nicht sehen kann, damit ihr die Sache an sich verleidet wird. Sie begreift andernfalls sehr schnell, daß sie nur warten muß, bis Sie nicht mehr oder noch nicht da sind.

Streitpunkt vier: Die Nachbarin behauptet, Ihre Katze habe sich auf ihrem Rasen schlecht benommen und dort, wie unappetitlich, »Würstchen« hingelegt.
Versuchen Sie sie freundlich davon zu überzeugen, daß Katzen ihren Kot und Urin immer verscharren und schon deshalb möglichst offene Stellen wählen, daß sie außerdem Sichtschutz lieben, den der Rasen nicht bietet. Die ominösen Würstchen können von einem Hund oder einem Igel stammen, nie von einer Katze. Der Hund muß zur Vermeidung solchen Ärgers Gassi geführt werden. Der wenige Igelkot kann als Rasendünger gelten.

. . . und ein bißchen Public Relations

In vielen Gärten gibt es Mäuse: Feldmäuse, Wühlmäuse – Tiere, über die Gartennachbarn sich meist noch mehr ärgern als über Katzen. Deshalb erzählen Sie es bitte jedesmal beim Gespräch über den Gartenzaun, wenn Ihre Katze eine Maus gefangen oder gar ein Mäusenest geleert hat. Besonders gut macht es sich natürlich, wenn Sie sie dabei in Nachbars Garten beobachten konnten. Der Gartenbesitzer, der vielleicht Katzenfeind ist, respektiert nun wahrscheinlich wenigstens den »Mäusejäger« in Ihrer Katze.

Unfallgefahren drinnen und draußen

Ein besonders wichtiges Kapitel, solange Ihre Katze klein und unerfahren ist. Und nicht unwichtig, wenn sie bereits erwachsen ist.

- Schwer auszurotten ist die Meinung, daß Katzen immer auf den Pfoten landen, ganz gleich wie tief und wohin sie fallen. Natürlich sind Katzen gewandt und reaktionsschnell (Ausnahmen: Katzenbabies, alte oder kranke Tiere). Aber sie sind zart gebaut, und schon bei einem Sturz vom Balkon oder aus einem

Der gesicherte Balkon: ideal für Wohnungskatzen, die längere Zeit allein gelassen werden müssen.

Fenster im ersten Stock können sie etwas brechen. Deshalb sichern Sie Balkon und Fenster gut, zum Beispiel mit einem Drahtkäfig, oder lassen Sie Ihre Katze lieber nur aus dem geschlossenen Fenster sehen.

- Kleine Katzen spielen mit allem, was ihnen dazu geeignet erscheint, auch mit elektrischen Leitungen, die deshalb im eigenen und im Interesse der Katze unerreichbar sein sollten.
- Besonders kleine Katzen sausen einem oft von irgendwo zwischen die Beine, trippeln mit Ausdauer hinter Füßen her und springen unvermutet den vertrauten Menschen an, um hochzuklettern. Gewöhnen Sie sich deshalb an, ständig vorsichtig zu gehen, um dem Katzenkind, das Sie als Muttersatz angenommen hat, nicht weh zu tun oder es gar zu verletzen.
- Kleine Katzen entschließen sich manchmal plötzlich, im letzten Moment hinter Ihnen herzusausen, während Sie gerade die Tür schließen. Also immer umsehen und offenstehende Türen feststellen, damit sie nicht zufallen können. Das Einklemmen zwischen Tür und Türrahmen kann zu schwersten Rückgratverletzungen mit unheilbaren Lähmungen führen.
- Frei laufende Katzen sind durch den Straßenverkehr stark gefährdet. Deshalb: Wenn Sie an einer stark befahrenen Straße wohnen, ist es vielleicht besser, das Tier von klein an nur in der Wohnung zu halten oder einen »Auslauf« mit dichter Umzäunung, auch nach oben hin, zur beliebigen Nutzung – nie als Zwangsaufenthalt – einzurichten.
- Sehr vieles, was in Haus und Garten täglich gebraucht wird, ist für kleine Kinder und kleine Tiere gleich gefährlich und muß deshalb außer Reichweite geräumt werden: Putz-, Desinfektions-, Pflanzenschutzmittel, Gifte gegen Mäuse und anderes Ungeziefer, Sprays aller Art. Mäuse- und Rattenfallen gehören auch dazu. Und die Wasch- und Geschirrspülmaschine, in der Sie vor dem Einschalten lieber jedesmal nachsehen – Ihre Katze könnte es sich dort gemütlich gemacht haben. – Daß man Nadeln, Perlen und Kügelchen nicht herumliegen läßt, damit sie nicht verschluckt werden, sollte selbstverständlich sein.

Versorgung im Urlaub

Zwei Perser-Schönheiten:
oben: weiße Perserkatze mit zweierlei Augenfarben, ▷
unten: Blauer Perser

Sie gehören hoffentlich nicht zu den Leuten, denen erst kurz vor der Abfahrt einfällt, daß die Haustiere auch irgendwie versorgt werden müssen. Und empfinden sicher denselben Abscheu vor dem, was manche Tierhalter dann praktizieren – einschläfern lassen oder aussetzen.

Urlaub muß für die uns anvertrauten Tiere genauso sorgfältig geplant werden wie für uns selbst.

Entgegen immer wieder gehörten Behauptungen, auch Katzen seien Wildtiere, denen es nichts ausmache, auf sich selbst gestellt zu sein, vor allem dann, wenn sie an Freilauf gewöhnt sind und Möglichkeiten zum Mäusefang haben, möchte ich hier etwas Selbstverständliches betonen: Katzen sind Haustiere, empfindlicher als die wilden Vorfahren, auf ein warmes, trockenes Quartier und auf Zufütterung angewiesen. Und auf die Zuwendung ihrer Menschen.

Und Katzen, die Junge erwarten oder Junge versorgen, dürfen weder allein gelassen noch sollen sie in den Urlaub mitgenommen werden!

Wenn Sie einen Tagesausflug machen

Für einen Tag können Sie die Katze natürlich allein lassen, ausreichend versorgt mit Futter und Milch (bei heißem Wetter besser Wasser) und dem mit Streu frisch gefüllten Katzenklo. Frei laufenden Katzen können Sie vielleicht einen Fenster- oder Türspalt offen lassen, jedenfalls wenn Sie im Erdgeschoß wohnen und keine »Katzentüre« haben.

Wohin mit der Katze im Urlaub?

Fahren Sie mehr als einen Tag weg, für Tage oder Wochen, muß entschieden werden, ob Sie die Katze

- von einer zuverlässigen, tierverständigen und der Katze vertrauten Person in der Wohnung versorgen lassen,
- zuverlässigen, tierverständigen und der Katze vertrauten Bekannten in Pflege geben,
- in einem Tierheim zur Pflege geben oder
- in den Urlaub mitnehmen.

Für Katzen ist die erste Möglichkeit die beste. Die meisten Tiere schätzen Ortswechsel und Reisen nicht. Und wenn ein Ihnen und der Katze vertrauter Mensch (zweimal täglich) die Versorgung übernimmt, ein Tierfreund, der weiß, daß freundliches Reden, Streicheln und Kraulen, vielleicht auch Spielen mit zur richtigen Betreuung gehören, ist alles gut. Kennt die Katze den neuen Betreuer kaum, kann es allerdings gehen, wie einmal bei uns: Die Betreuerin wurde angegriffen und konnte nur mit Mühe ihren übernommenen Pflichten nachkommen. Ich rechne es ihr hoch an, daß sie trotzdem aushielt. Bei früheren gelegentlichen Besuchen dieser Bekannten war immer alles ruhig verlaufen. Nun, in der leeren Wohnung, benahm sich Beppi, unsere Mieze, wie ein Wachhund.

Eine »Zimmerkatze« verträgt es auch, wenn man sie in eine katzenverständige, ihr bekannte Familie gibt. Zwar muß sie den Ortswechsel verkraften und den Wechsel der Pflegepersonen, aber die Lösung ist doch diskutabel im Gegensatz zur Unterbringung im Tierheim, die ich ablehne und niemandem empfehlen möchte. Heime sind gerade zur Urlaubszeit restlos überfüllt, und Katzen eignen sich ihrer Wesensart nach nicht für Heime, selbst wenn sie gut geführt sind.

◁ Rassekatzen (auch Edelkatzen genannt).
Oben: Burmakatze und Siamkatze.
Unten: Kartäuserkatze und Abessinierkatze.

Mit der Katze auf Reisen

Manche Katzen leiden ganz besonders darunter, daß ihre Menschen nicht da sind. Sie essen kaum oder gar nicht mehr, werden schreckhaft und beginnen, oft in immer weiterem Umkreis und auf unbekannten, gefährlichen Wegen, nach den »Verlorengegangenen« zu suchen – ich weiß das aus trauriger Erfahrung. Die beste Lösung dieses Problems, vor allem für Familien mit großen Kindern: getrennt in den Urlaub fahren.
Zweitbeste Lösung: Die Katze mitnehmen.
Nur: Nicht jede Katze verträgt es gut, mitzureisen, selbst wenn das Urlaubsquartier ruhig und katzenfreundlich ist, worauf Sie achten sollten. Am ehesten können Sie das Experiment wagen, wenn Sie keine besonders lange Reise vorhaben, das Tier ruhig und ausgeglichen und zugleich »ausflugserfahren« ist.
Merken: Camping ist für *jede* Katze eine ausgesprochene Quälerei und scheidet als Möglichkeit von vornherein aus.

Die Fahrt in den Urlaub

Lesen Sie bitte noch einmal am Anfang des Kapitels »Eingewöhnung, Haltung und Pflege« nach (→Seite 15), dort finden Sie alles Wissenswerte über die Transportkiste und Ihr Verhalten während der Fahrt. Sie müssen sich darüber klar sein, daß die längere Urlaubsfahrt, das Geschütteltwerden, dazu oft heißes Wetter Anstrengung und Aufregung für das Tier bedeuten. Am besten nimmt ein Familienmitglied auf dem Rücksitz den Transportbehälter auf den Schoß. Über dem Motor darf er unter keinen Umständen stehen! Er soll so groß sein, daß das Tier darin sitzen und liegen kann, aber nicht wesentlich größer. Halten Sie das Katzengeschirr samt Leine bereit und nehmen Sie den vierbeinigen Fahrgast bei den (auch für Menschen äußerst bekömmlichen) Pausen alle ein bis zwei Stunden mit aus dem Auto, damit er – abseits von Straßenlärm und großen Menschenansammlungen! – ein wenig an der Leine laufen kann. Bieten Sie dann jedesmal Futter und vor allem Wasser an!

Katzen-Urlaubsgepäck

Dazu gehört der gewohnte Schlafkorb oder wenigstens die Lieblingsdecke, das gewohnte Trockenfutter, die gewohnten Näpfe und das Katzenklo, Einstreu und Schäufelchen zum Säubern (→Seite 12 und 31).

Der Katzenkorb für Urlaubsreise und Tierarzt-Besuch.

Ihre Katze kann auch im Zug mitreisen, im verschließbaren, richtig ausgestatteten belüfteten Behälter oder einem Korb im Abteil. Am besten ist es, wenn man ein Abteil für sich hat, vielleicht mit katzenlieben Bekannten zusammen. Denn das Mitnehmen von Tieren in

Behältern ist nur erlaubt, wenn sich kein Mitreisender dadurch gestört fühlt.
Während der Fahrt, wenn die Tür geschlossen und das Fenster höchstens oben einen Spalt weit geöffnet ist, können Sie den Korb öffnen, Trockenfutter und Wasser anbieten. Vielleicht verläßt die Katze dann den Korb, erobert schnuppernd das Abteil und sieht sich in allen Ecken um. Vielleicht braucht sie nun auch das Katzenklo.
Tip: Die nötige Streu, nicht zu knapp bemessen, und ein Schäufelchen zum Säubern nehmen Sie am besten in zwei getrennten, stabilen Plastiktüten mit.
Wenn Sie ins Ausland fahren, sollten Sie bedenken: Für alle europäischen Länder ist eine noch wirksame Tollwutschutzimpfung vorgeschrieben, für manche außerdem ein allgemeines Gesundheitszeugnis. Meist können Sie das beim Amtstierarzt erfahren, sonst beim zuständigen Konsulat. Erledigen Sie das beizeiten, es könnte sonst an der Grenze unangenehme Überraschungen geben.

Am Urlaubsort

Katzen reagieren in fremder Umgebung instinktiv zuerst einmal sehr vorsichtig, oft schreckhaft. Deshalb lassen Sie Ihr Tier zur Eingewöhnung möglichst wenig allein und zuerst ausschließlich im gemieteten Zimmer, natürlich bei fest verschlossener Tür und verschlossenen Fenstern. Wenn Sie lüften, nehmen Sie es an die Leine. Wenn es das Zimmer kennengelernt und die bekannten Dinge aus dem Katzen-Urlaubsgepäck vorgefunden hat, beruhigt es sich meist.
Später können Sie versuchen, Ihre Katze an der Leine ins Freie zu führen. Aber bitte nicht, wenn fremde Hunde in der Nähe sind oder Sie merken, daß sich das Tier, trotz Ihrer Gegenwart und obwohl Sie ihm Zeit lassen, alles Fremde langsam und vorsichtig zu erkunden, sehr fürchtet.

Katzen-Ernährung

Die Europäische Hauskatze stammt von der nordafrikanischen Falbkatze und der europäischen Wildkatze ab. Die Arten sind nah verwandt und haben sich in Mitteleuropa wohl oft vermischt.

Wildkatzen ernähren sich fast ausschließlich von frisch getöteten Kleinsäugern, die samt unverdautem oder anverdautem Mageninhalt – Sämereien, Grünzeug, Getreidekörnern – verspeist werden. Sie nehmen also neben Eiweiß und Fett des Fleisches Kohlenhydrate, Vitamine und Spurenelemente zu sich.
Der Verdauungsapparat domestizierter Katzen ist kaum verschieden von dem der Wildkatzen. Deshalb muß auch Hauskatzennahrung neben reichlich tierischem Eiweiß Fett, wenig Kohlenhydrate, Vitamine und Spurenelemente enthalten.

Worauf es ankommt

Wenn Ihre Katze in einem mäusefreien Garten oder nur in der Wohnung leben muß, ist es für Sie wichtig, das zu wissen. Wer allerdings Fertigfutter gibt, braucht sich darum nicht zu kümmern, denn dieses Futter enthält alle Nährstoffe in einem ausgewogenen Verhältnis. Wichtig: Die Nahrung sollte nie aus dem Kühlschrank kommen, denn Katzen haben empfindliche Mägen. Kaltes oder »überständiges« Futter bewirkt Magen- und Darmverstimmungen. Frei laufende Katzen wissen im Gegensatz zu Hunden genau, wieviel Futter sie brauchen. Sie hören auf, wenn sie satt sind. Die Gefahr der Überfütterung besteht vor allem bei Wohnungskatzen, die (wie andere Haustiere und Menschen) oft aus Langeweile mehr essen, als ihnen bekömmlich ist, und fett werden. Hier müssen Sie die Portionen entsprechend zuteilen, denn »Bauch« darf nicht sein.

Was Katzen trinken

Für alle Katzen, junge und alte, muß unbedingt immer genügend frisches Wasser zur Verfügung stehen! Füllen Sie deshalb den Napf täglich neu. Wichtig: Milch ist Nahrung – und kein Getränk!
Wenn Ihre Katze auch als erwachsenes Tier noch gern Milch zu sich nimmt, geben Sie 7,5%ige Büchsenmilch mit $1/3$ Wasser, natürlich handwarm. Es sei denn, Sie hätten die Möglichkeit, täglich »frischgemolkene« zu holen.

Was Katzen essen

Frei laufende Katzen in ländlichen Gebieten fangen einen großen Teil ihrer Fleischkost selbst. Entgegen dem, was Katzenfeinde immer wieder behaupten, besteht diese Fleischkost in erster Linie aus Mäusen. Alle anderen Katzen müssen entsprechend gefüttert werden. Da auch Katzen ein wenig Abwechslung auf ihrem Speisezettel lieben, bietet die Fertigfutter-Industrie eine ganze Reihe verschiedener Produkte an. Gerade im Urlaub erleichtern sie die Fütterung, ganz gleich ob Sie die Katze mitnehmen oder sie von Ihren Bekannten versorgen lassen. Hier kann auch der Anfänger nicht viel falsch machen, denn es enthält, wie bereits gesagt, alle lebenswichtigen Nährstoffe und Vitamine.
Trockenfutter trägt besonders dazu bei, Zähne und Zahnfleisch gesund zu halten, und verhindert den Ansatz von Zahnstein. Sie sollten es schon aus diesem Grund öfter an-

bieten – nur nicht in zu großen Mengen, damit Ihre Katze nicht fett wird. Ich gebe öfter Knabber-Breckies, was meine Katzen sehr schätzen. Nicht vergessen: Bei Trockenfutter muß immer frisches Trinkwasser bereitstehen!
Kleine Portionen Gras helfen Wild- und frei laufenden Hauskatzen, ihren Magen von Haaren zu säubern, die beim täglichen Fellputzen verschluckt wurden. Die Haare können nämlich zusammen mit dem Gras als »Gewölle« ausgewürgt werden. Sie könnten sonst, im Magen verknäult, die Tiere krank machen. (Langhaarkatzen müssen Sie allerdings kämmen und bürsten, auch wenn ihnen immer genug Gras zur Verfügung steht.)
Grünzeug, von dem sie nach Belieben knabbern können, ist auch für Wohnungskatzen unentbehrlich. Ihnen dient es wahrscheinlich auch als Vitaminspender. Säen Sie »Katzengras« in Schalen oder Töpfe, Samen gibt es im Fachgeschäft. Oder stellen Sie ein paar Grünlilien (Chlorophytum) auf, die ebenfalls nach Katzengeschmack und bekömmlich sind. Sie dürfen nicht mit Pflanzenschutzmitteln behandelt sein und auch nicht in der Nähe stehen, wenn andere Pflanzen besprüht werden.

Die richtigen Nahrungsmengen

Ausgewachsene Katzen (ab 9 Monaten) brauchen nur 1 bis 2 Mahlzeiten pro Tag: Zusammen 1260 Joule (300 Kalorien) →Tabelle Seite 34.

Alte Katzen, die nicht mehr alle Zähne haben, brauchen 3 bis 4 kleinere Mahlzeiten. Fleischbrocken müssen, wenn kein Dosenfutter genommen wird, kleingeschnitten, zahnlosen Tieren zerkleinert (Handmixer) als Brei verabreicht werden. Dazu geben Sie frisches Wasser.

Katzen, die wenig Bewegung haben, hier vor allem kastrierte und sterilisierte Katzen, werden leicht zu dick. Sie müssen dann das Futter etwas kürzen, ein »Bauch« darf nicht sein!

Tragende Katzen haben meist besonders guten Appetit. Bei entsprechenden Auslaufmöglichkeiten können Sie ihr Futter reichlicher als sonst bemessen; es wird auf vier kleinere Mahlzeiten verteilt. Achten Sie darauf, daß das Tier nicht fett wird, das könnte die Geburt erschweren. Für Wohnungs- und Gartenkatzen, die kein Fertigfutter erhalten, ist ein Kalkpräparat besonders wichtig, das Ihnen der Tierarzt empfehlen kann. Geben Sie es nach Vorschrift. Frei laufende Katzen mit ergiebigem Mäuserevier sind weniger auf Kalkpräparate angewiesen.

Säugende Katzen brauchen natürlich auch mehr und besonders hochwertiges Futter – in 3 bis 4 Portionen täglich. Auch hier geben Sie am besten Fertigfutter.

Junge Kätzchen trinken etwa 8 bis 9 Wochen bei der Mutter. Bieten Sie ihnen ab der fünften oder sechsten Woche Beikost an, jedenfalls wenn sich das Futter der alten Katze nicht für sie eignet. Geben Sie frischen Brei, abwechselnd aus Vollkornhaferflocken oder Kindergrieß, immer mit 7,5%iger Büchsenmilch (oder frisch gemolkener Kuhmilch) angereichert. Oder Cimilac oder ipevet-milch. Dazu ein wenig ganz frisches Tatar, das kurz in der Hand auf Körpertemperatur erwärmt wird, bevor Sie es füttern. Noch unbeholfene Katzenkinder lutschen es zuerst am liebsten von Ihren Fingern, und es schmeckt ihnen.

Katzen-Ernährung

Mutterlose Katzenbabies

Wenn die Katzenmutter zu früh stirbt oder Sie ein Katzenbaby aufziehen wollen, das ausgesetzt wurde (was leider immer wieder vorkommt!), müssen Sie entscheiden, was geschehen soll. Die Aufzucht eines so kleinen Tierchens macht viel Mühe. Ehe Sie sich entscheiden, ob zeitraubende liebevolle Pflege oder schmerzlose Tötung durch den Tierarzt, müssen Sie wissen, auf was Sie sich einlassen. Kätzchen unter zwei bis drei Wochen sind besonders schwer am Leben zu erhalten und gesund groß zu ziehen. Aber auch später sind sie keine einfachen Kostgänger, jedenfalls solange sie eigentlich noch die Mutter brauchen würden.

Auch eine Möglichkeit, Katzenbabies feste Nahrung zuzuführen.

Sie sind schwer dazu zu bewegen, aus einem Saugfläschchen zu trinken und lernen frühestens mit drei, meist erst mit vier Wochen, aus einem flachen Schüsselchen (Weckglasdekkel) zu schlabbern. Sie können versuchen, sehr behutsam mit Mokka- oder Kaffeelöffel zu füttern (ipevet-milch oder Cimilac). Bis zum Alter von 10 Tagen müssen Kätzchen alle 2 bis 3 Stunden gefüttert werden, auch nachts. Später können Sie eine etwas längere Nachtpause einlegen, aber nicht länger als 5 bis 6 Stunden. – Und dies so lange, bis die Kleinen allein und größere Portionen essen können. Die Waisen müssen durch eine eingewickelte Gummiwärmflasche unter dem Lager warm gehalten werden. Sie darf nie heiß, muß aber stets warm sein. Die Kleinen brauchen nach jeder Fütterung vorsichtige Massage am Bäuchlein mit einem Finger. So wird die nötige Entleerung angeregt, die natürlich auch beseitigt werden muß. Geborgenheit, Streicheln, Zärtlichkeit und Spielen sind so wichtig wie Futter. Solchen Kätzchen gibt man schon früh, etwa in der dritten bis vierten Lebenswoche, Dosenfutter. Das erste Bröckchen kann man ihnen ins Mäulchen schieben, damit sie auf den Geschmack kommen.

Richtig gefütterte, gut versorgte Kätzchen sind rundum gut gepolstert, ohne fett zu sein, haben klare Augen und ein dichtes, daunenweiches Babyfell. Sie sind aufmerksam und lebhaft.

Richtig gefütterte erwachsene Katzen sind geschmeidig und beweglich, weder fett noch mager, haben ein glänzendes Fell und aufmerksam blickende klare Augen.

Falsch gefütterte Katzen haben ein stumpfes Fell und trübe Augen. Wenn sie zuviel Leber erhalten, kommt es zu Wachstumsstörungen und zu einer Verknöcherung der Knorpel sowie zu inneren Blutungen und Erbrechen.

Katzen-Ernährung

Nahrungsvorschläge für richtige Katzenernährung

Alter	*Fütterungen pro Tag*	*Gewicht kg*	*Nahrungs-aufnahme g*	*Täglicher Joulebedarf kJ*	*Menüabwechslungen*
bis 6. Woche	Kätzchen wird noch von seiner Mutter gestillt				
6. bis 8. Woche	6	0,6	150	630	Nahrungsvorschläge I, II, III
3. Monat	5	0,9	200	840	Nahrungsvorschläge I, II, III
4. Monat	4	1,2	230	970	Nahrungsvorschläge I, II, III 1,5fache Mengen
5. Monat	3	1,5	260	1090	200 g Fertigfutter + 15 g gekochte Haferflocken oder Reis
6. Monat	2	1,9	250	1220	300 g Fertigfutter + 20 g gekochte Haferflocken oder Reis
7. Monat	2	2,3	320	1300	300 g Fertigfutter oder 90 g Brekkies
8. bis 11. Monat	1–2 1–2 1–2 1–2	2,4 2,5 2,6 2,7	310 300 300 290	1260 1220 1220 1180	75 g Fertigfutter + 20 g Reis oder Haferflocken 75 g Fertigfutter 85–90 g Brekkies

Täglicher Joulebedarf für ausgewachsene Katzen (bei 1–2 Fütterungen):
3 kg Körpergewicht: 1010 kJ täglich
4 kg Körpergewicht: 1340 kJ täglich
5 kg Körpergewicht: 1470 kJ täglich

Nahrungsvorschlag I:
1 gekochtes Ei, 1 Eßlöffel Dosenfutter und 15 g Reis oder Haferflocken (670 kJ).

Nahrungsvorschlag II:
50 g Dosenfutter, etwas zerkleinern, mit ½ Scheibe Knäckebrot, etwas Gemüse (etwa 50 g) mit 1 Teelöffel Pflanzenöl vermischen, noch etwas Milch dazugeben (710 kJ).

Nahrungsvorschlag III:
2 Eßlöffel Dosenfutter, 50 g Milch, 1 Handvoll Kornflakes, 50 g Gemüsebrei daruntermischen (740 kJ).

Ab der 7. Woche Katzengras oder Chlorophytum anbieten (→Seite 32).

Wenn die Katze krank wird

Von klein an richtig gehaltene und ernährte Katzen, die auch als erwachsene Tiere bekommen, was sie brauchen, sind verhältnismäßig wenig anfällig gegen Infektionskrankheiten. Aber absolute Sicherheit gibt es nicht, und gerade die besonders gefährliche Katzenseuche und die Tollwut können auch kräftige, bestgepflegte Tiere bekommen. Zum Glück gibt es gegen diese Krankheiten vorbeugende Schutzimpfungen, die Sie im Interesse Ihrer Katze (und in Ihrem eigenen!) durchführen lassen sollten.

Katzenseuche

ist der Sammelbegriff für verschiedene, für Katzen sehr ansteckende Viruserkrankungen, die sich als Durchfall, schwere Halsentzündung und Erkrankung des Blutes äußern. Fast immer gehören Fieber, Zurückbleiben der Nickhaut über dem Auge, Schwäche, Appetitlosigkeit und schließlich Apathie zum Krankheitsbild.

Äußeres Anzeichen für Katzenseuche: Die Nickhaut bleibt auch bei geöffneten Augen hochgezogen.

Frühzeitig und intensiv durchgeführte Behandlung durch den Tierarzt hat zwar einige Aussicht auf Erfolg, oft bleiben aber Nachwirkungen noch Wochen oder Monate hindurch bestehen. So zum Beispiel Durchfall, der das Tier gegen seinen Willen »unsauber« sein läßt und nur mit den vom Tierarzt verordneten Mitteln und viel Geduld zu heilen ist.
Etwa 95 von 100 an Katzenseuche erkrankten Katzen sterben daran, wenn sie nicht ärztlich behandelt werden. Die erste Impfung zur Grundimmunisierung sollte schon beim 8 bis 9 Wochen alten Kätzchen durchgeführt werden, die zweite mit 12 Wochen. Jedes Jahr ist eine Auffrischungsimpfung nötig.

Tollwut

Die Seuche läßt sich überhaupt nicht bekämpfen, wenn sie einmal bei Tier oder Mensch ausgebrochen ist. Krankheitsverlauf und Ende sind schrecklich. Lassen Sie deshalb Ihre Katze (wenn sie nicht ausschließlich in der Wohnung lebt) zum erstenmal im Alter von 10 bis 12 Wochen und von da an jährlich einmal gegen Tollwut impfen. Normalerweise bekommen Sie von Ihrem Tierarzt einen Impfpaß, in den alle Impfungen eingetragen werden. Er ist (bei Tollwut-Impfung) wichtig, wenn Sie die Katze im Urlaub ins Ausland mitnehmen wollen. Außerdem ist er als Gedächtnisstütze wertvoll, damit die Auffrischungs-Impfungen nach einem Jahr nicht versäumt werden.
Vorsicht: Frei laufende Katzen, die sich in Tollwutgebieten zu weit von zu Hause entfernen, werden erschossen!

Wenn die Katze krank wird

Krankheitszeichen

Wer seine Katze gut kennt und aufmerksam mit ihr umgeht, merkt jede Änderung in Aussehen und Wesen – natürlich ohne eine exakte Diagnose stellten zu können. Appetitlosigkeit, abnorm großes Ruhebedürfnis, besonders starker Durst, Durchfall – all das sind Alarmzeichen.
Fehlt etwas Ernstliches, ist die Temperatur meist erhöht oder gesenkt. Normaltemperatur ist bei Katzen 38 bis 38,5° C. Bei Temperaturen über 39° C und unter 37° C sollten Sie sofort den Tierarzt anrufen. Zum Fiebermessen – das bei der Katze im After geschieht – brauchen Sie einen oder zwei Helfer, die die Katze an Schultern und Vorderpfote festhalten und beruhigend mit ihr reden. Das Fieberthermometer könnte sonst herausrutschen oder gar abbrechen. Tauchen Sie das (kleine) Kinderthermometer mit dem Ende in Salatöl und führen Sie es vorsichtig in den After ein. Nach zwei Minuten können Sie es herausnehmen und die Temperatur ablesen. Katzen sind meist schwierige Patienten. Wenn sie Angst haben, vertrauen sie auch den liebsten Menschen weniger als sich selbst und versuchen zu flüchten. Dafür müssen Sie Verständnis haben – und ohne grob zu sein, fest zufassen, wenn Sie bei notwendigem Verbinden, Fiebermessen oder Medikamenteingeben das Tier ruhighalten müssen. Falls Sie sich das alles nicht zutrauen, bitten Sie den Tierarzt um Hilfe.

Verletzungen und Brüche

Kleinere Verletzungen und sogar Anbrüche heilen bei Katzen meist erstaunlich rasch und gut ohne Nachhilfe. Bei größeren Verletzungen müssen Sie natürlich den Tierarzt aufsuchen. Aber auch sie sind in den meisten Fällen kein Grund zum Einschläfern.
Unserer Katze Misa wurden von der Mähmaschine des benachbarten Bauern zwei Zehen des rechten Hinterfußes angeschnitten. Der Tierarzt kam rasch mit Verbandszeug, Narkosekasten und Medikamenten. Er amputierte die eine Zehe ganz, die andere zur Hälfte. Die Pfote heilte schnell, und es dauerte nicht lange, bis Misa wieder mühelos auf jeden Baum klettern konnte.

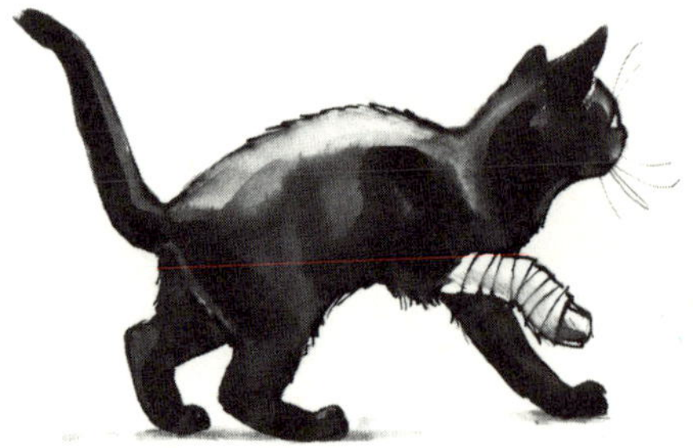

Pfotenverband bei Verletzungen oder Knochenbrüchen.

Ich möchte Sie aber bitten, sich auch wegen vermeintlicher Kleinigkeiten an Ihren Tierarzt zu wenden, wenn die Erscheinungen nicht innerhalb von ein oder zwei Tagen verschwinden oder sich wenigstens bessern.

Häufige Gesundheitsstörungen

Durchfall kann eine harmlose Verdauungsstörung sein, die durch zu viel Leber, Milz und Milch, aber auch durch nicht mehr ganz frisches, einwandfreies Futter ausgelöst wird. Katzen sind in dieser Beziehung besonders empfindlich.

Wenn die Katze krank wird

Geben Sie zum Trinken dünnen schwarzen Tee. Und als einzige Nahrung Tatar, möglichst mit einer Messerspitze Tannalbin oder Tierkohle (aus der Apotheke) vermischt. Bringt das nicht innerhalb von ein bis zwei Tagen Erfolg, steckt etwas anderes dahinter, dann brauchen Sie den Tierarzt.

Verstopfung erkennen Sie daran, daß die Katze sich mit gekrümmtem Leib vergeblich müht, etwas los zu werden. Was eventuell doch abgeht, ist sehr hart und macht dem Tier Schmerzen. Geben Sie ihm einen halben Kaffeelöffel Paraffinöl (kein Rizinusöl!) ein.

Erbrechen muß nichts Schlimmes bedeuten. So, wenn zu gierig verschlungene Fleischbrocken ausgewürgt werden oder »Gewölle«, das aus zusammengeklumpten eigenen Haaren, Mäusehaaren und Knorpelresten besteht. Das Verschlucken eigener Haare, am schlimmsten beim halbjährlichen Fellwechsel und generell bei Langhaarkatzen, läßt sich durch tägliches Bürsten und Kämmen sehr einschränken. Auch starker Wurmbefall führt zu Erbrechen. Meist handelt es sich dabei um Spulwürmer, von denen kleinere Exemplare sich oft deutlich sichtbar im Erbrochenen ringeln. Besorgen Sie beim Tierarzt ein geeignetes Wurmmittel. Bricht die Katze mehrmals am Tag ohne erkennbaren Grund, dann gehen Sie sofort zum Tierarzt.

Harnverhaltung kann gefährlich werden, der Tierarzt muß helfen. Sie ist bei älteren Katern, besonders Kastraten, häufiger, erkennbar an vergeblichen Versuchen, Wasser zu lassen. Der Leib ist dabei gekrümmt.

Struppiges, glanzloses Haar ist immer ein Zeichen von schlechtem Befinden. Wenn die Ernährung (→Seite 31) vollwertig ist und keine Würmer vorhanden sind, dann messen Sie die Temperatur; ist diese erhöht, muß die Katze zum Tierarzt. Es könnte eine schwerere Erkrankung dahinterstecken.

Augenentzündungen haben vor allem kleine Kätzchen öfter. Nach 10 Tagen, wenn sich die Augen geöffnet haben, sind die Lider geschwollen und durch schleimig-eitrige Absonderungen verklebt. Säubern Sie sie vorsichtig und gründlich mit einem gut durchfeuchteten Wattebausch, den Sie in Borwasser oder durchgesiebten lauwarmen Kamillentee getaucht haben; zwei- bis dreimal täglich, jedesmal mit einem frischen Wattebausch. Hat sich der Zustand nach zwei bis drei Tagen nicht gebessert, brauchen Sie den Tierarzt.

Ohrenschmerzen und Ohrenjuckreiz werden durch Ohrmilben, manchmal auch durch Erkältungen verursacht. Die Katzen reagieren mit häufigem Kratzen und Flachlegen der Ohren. In den Ohren ist ein dunkler Belag sichtbar. Lassen Sie sich vom Tierarzt ein geeignetes Mittel geben. Er sollte auch möglichst die erste Behandlung durchführen. Wenn Sie da-

Wenn sich die Katze im Ohr kratzt, besteht der Verdacht auf Ohrmilben.

bei gut achtgeben, geschickt und vorsichtig sind, können Sie die Nachbehandlung zu Hause durchführen.

Bandwürmer kommen in einer auf Katzen spezialisierten Art bei frei laufenden Tieren öfter vor. Sie finden die winzigen, weißlichen »reifen« Bandwurmglieder an After, Schwanz oder Sitzplatz der Katze. Sie sind zuerst feucht und weich und trocknen dann ein. Der Tierarzt wird Ihnen ein gutes Mittel verordnen, das die Schutzschicht des Bandwurms auflöst. Danach können die Verdauungssäfte der Katze die lästigen Schmarotzer zerstören.

Zecken (man nennt sie auch Holzböcke) machen vielen Tieren, auch frei laufenden Katzen, das Leben schwer. Sie bohren sich mit ihren Saugwerkzeugen in die Haut und sau-

So entfernt man Zecken. Reden Sie dabei dem Tier beruhigend zu.

gen Blut. Außerdem übertragen sie Krankheiten. Tropfen Sie etwas Speiseöl mit einer kleinen Pipette auf den Zeckenleib. Dann geht dem Tier die Luft aus und es läßt sich leicht samt Kopf mit der Pinzette herausziehen. Pinzette so tief wie möglich ansetzen!

Flöhe, die gleichfalls Krankheiten übertragen können, sollen in einer auf Katzen spezialisierten Art ab und zu vorkommen. Ich habe das allerdings noch bei keiner meiner Katzen erlebt.
Wird ein Flohmittel nötig, lassen Sie es vom Tierarzt verschreiben. Katzen putzen und lekken sich viel und sind gegen Gifte besonders empfindlich. Sie brauchen deshalb speziell für sie geeignete Mittel.

Rheumatismus ist bei Katzen wohl nicht eben häufig, denn ich habe noch nie etwas darüber in der Literatur gefunden. Er kommt aber vor. Unsere Misa, die sonst immer für Zärtlichkeiten empfänglich war, schrie und knurrte eines Tages, als ich ihre Vorderpfoten streichelte. Ich dachte schon an Tollwut. Der Tierarzt aber stellte die Diagnose »Rheuma«, gab mir ein für Katzen ungefährliches Mittel zum Einreiben und nach drei Tagen war alles gut. Wir rätselten, wie man trotz Katzenfell zu Rheuma kommen kann!

Wenn die Katze operiert werden muß

Vor jeder Operation (zum Beispiel Kastration, Sterilisation) muß Ihre Katze einen leeren Magen haben, damit sie nicht hinterher erbricht. Erkundigen Sie sich, wieviel Stunden zuvor sie fasten muß, wenn Sie den Operationstermin ausmachen. Frei laufende Katzen hält man am Operationstag in der Wohnung. Sonst verspeisen sie doch noch eine Maus oder sind unauffindbar, wenn der Operationstermin naht.
Bei der Fahrt zum Arzt kann eine ruhige, ans Autofahren gewöhnte Katze von einem Familienmitglied auf dem Schoß gehalten werden – auf dem Rücksitz natürlich. Sonst ist ein

gepolsterter, fest verschließbarer, aber luftiger Transportbehälter (→Seite 29) nötig. Nach der Operation braucht das Tier Ruhe in einem zugfreien warmen, gut gelüfteten Raum in seinem gewohnten Schlafkorb. Das Katzenklo muß bereitstehen. Ist die Katze wieder ganz »bei sich«, bieten Sie als erstes dünnen lauwarmen, mit Büchsenmilch angereicherten Haferschleim zum Trinken an.
Das Entfernen der Krallen an den Vorderpfoten, manchmal empfohlen, ist als ausgesprochene Tierquälerei abzulehnen. Es kommt oft zu Entzündungen und Eiterungen an den Pfoten, und die Katzen können nicht mehr klettern und sich beim Hochspringen festhalten. Wer sich eine krallenlose Katze wünscht, sollte ein Plüschtier kaufen!

Sterilisation, Kastration

Die Kastration des Katers (Entfernung der Hoden) ist für einen geübten Kleintierarzt ein Routineeingriff, der selbstverständlich in Vollnarkose, mit besonders für Katzen geeigneten Narkosemitteln durchgeführt wird. Ein gesunder Kater erholt sich rasch davon. Verhindert werden dadurch das »anrüchige« Spritzen, das vor allem bei Tieren stört, die ausschließlich in der Wohnung gehalten werden, das Streunen, das vielen Katern während der Paarungszeit, der sogenannten Ranzzeit, das Leben kostet, und unerwünschte Vermehrung. Es gibt einfach zu viele Katzen und dadurch viel Katzenelend! Die Sterilisation, Entfernung von Eierstöcken und Gebärmutter, ist natürlich eine größere Operation, gehört aber gleichfalls zum »Repertoire« eines geübten Kleintierarztes. Bei guter Pflege hat sich jede gesunde, vorher richtig gehaltene Katze nach einer guten Woche auch von diesem Eingriff erholt. Nicht operierte Katzen werden mindestens zweimal im Jahr rollig, wenn sie nie zum Kater können, viele sogar alle vier bis sechs Wochen. Sie schreien dann laut und ausdauernd, wenn man sie im Haus halten will, und versuchen auf jede Weise zu entkommen. Läßt man sie aber frei laufen, bekommen sie zwei- bis dreimal im Jahr bis zu sechs Junge. Meist kann sich niemand entschließen, die Neugeborenen möglichst noch vor dem ersten Trinken bis auf eins oder zwei töten zu lassen. Sehr viele Katzen verkommen später jämmerlich, weil ihre Besitzer sie nicht behalten können, sie irgendwohin verschenken oder gar aussetzen. Oder – um das eigene Gewissen zu beruhigen – in ein Tierheim bringen. Hier werden die Katzen zwar gut behandelt, leiden aber trotzdem, weil sie sich für ein Leben in der Gruppe – ohne ihren eigenen Bereich – einfach nicht eignen.
Als Tötungsart für überzählige kleine Kätzchen kommt das Einschläfern durch den Tierarzt, das rasche, zielsichere Erschlagen (Kopf) oder Erschießen, nie aber Ertränken in Frage. Auch in einem durch Steine beschwerten Sack werden die Tiere langsam zu Tode gequält!
Ich habe diese Dinge absichtlich so drastisch geschildert, weil Sterilisation und Kastration das Töten von Katzenbabies überflüssig machen würden.
Und es geschieht immer noch zu selten. Das kann zumindest bei Leuten, die ihre Tiere mögen, nicht an der Tierarztrechnung liegen. Es gibt offensichtlich noch einige andere Hemmungen: Man hat vermutlich Angst, Katzen und Kater würden langweilig und faul und »hätten nichts mehr vom Leben«. Beides stimmt nicht. Operierte Katzen und Kater, die nicht zu eingeengt leben müssen und richtig ernährt werden, bleiben lebhaft, »in Form«, anhänglich und verspielt, wie es dem jeweili-

gen Alter entspricht (eher noch mehr!). Sie fangen auch Mäuse, wenn sie dazu Gelegenheit haben. Ranzzeit und Rolligkeit sind vor allem sehr drängende körperliche Vorgänge, meist ohne besondere »freundschaftliche Bindung zum Partner«. Sie werden zur Quälerei, wenn man die Tiere daran hindern will, sie auszuleben. Und sie werden ganz allgemein zur Tierquälerei, wenn man den Dingen einfach ihren Lauf läßt, ohne von vornherein zu wissen, ob man verantwortlich denkende, tierliebe Abnehmer für die zu erwartenden Katzenbabies findet.

Schmerzlose Tötung

»Einschläfern« durch den Tierarzt ist bei Katzen wie bei anderen Haustieren zu vertreten, wenn die Tiere an einer unheilbaren Krankheit leiden. Am besten ist der Besitzer, der vertraute Mensch, dabei. Die Ärzte verfügen übrigens heute über Mittel, durch die das Tier wirklich einschläft. Kurze Zeit darauf setzt ohne jeden Todeskampf die Atmung aus – die Katze ist tot.

Katzen-Hausapotheke

Alles was für die Katze bestimmt ist, bewahren Sie bitte gesondert in einer gut schließenden Schachtel oder einem Extra-Schränkchen auf – nicht etwa in der Hausapotheke der Familie. Machen Sie auch keine Versuche mit den für Menschen bestimmten Medikamenten, wenn der Katze etwas fehlt. Die Tiere sind sehr empfindlich und vertragen nur speziell für sie verordnete Mittel, die Ihnen der erfahrene Tierarzt aufschreiben kann. Genau wie Ihre Hausapotheke für Ihre Kinder muß auch die Katzenapotheke unerreichbar für Ihr Tier aufgehoben werden.

Was die Katzenapotheke enthalten soll:

- Eine gut schneidende Schere mit abgerundeten Spitzen
- eine stumpfe Pinzette
- ein kleines Mund- oder Kinderthermometer
- breites Heftpflaster
- Watte
- sterile Gaze
- Vaseline
- Kamillentee-Aufgußbeutel
- Borwasser
- eine Flasche mit Vorrat an physiologischer Kochsalzlösung (1 Teelöffel Salz auf ½ l abgekochtes Wasser – Lösung von Zeit zu Zeit erneuern).
- Alle Medikamente, die der Tierarzt Ihrer Katze verschrieben hat, aber nur, wenn sie noch richtig beschriftet und voll wirksam sind. Sonst gehören sie in den Müll. Fragen Sie den Tierarzt nach der »Haltbarkeit« der einzelnen Medikamente!
- Adresse und Telefonnummer des Tierarztes.

Um wäßrige Lösungen in vorgeschriebener Menge eingeben zu können, kann man sich mit Löffelmaßen helfen: 1 Teelöffel faßt ca. 5 ml; 1 Kinderlöffel faßt ca. 10 ml; 1 Eßlöffel faßt ca. 15 ml.
Das Eingeben von Medikamenten ist schwierig. Ein Helfer muß das Tier halten, ein anderer das Mäulchen öffnen und den Löffel einführen (höchstens einen Teelöffel, bei kleinen Kätzchen einen Mokkalöffel). Allzu schwierigen, widerspenstigen Patienten kann meist der Tierarzt helfen, indem er ein Medikament spritzt, das eine beruhigende Wirkung hat.

Die Katzen-Familie

Vorbemerkung

Vor dem Entschluß, sich den verständlichen Wunsch nach einer Katzenfamilie zu erfüllen, müssen nüchterne Überlegungen und klare Entscheidungen stehen. Lieber ein Nein mit allen Konsequenzen (Sterilisation, Kastration →Seite 39), als ein bequemes »den Dingen ihren Lauf lassen« auf Kosten der Tiere.
Die Frage, wie man die Jungen unterbringt, ist meist kaum zu beantworten, wenn es sich um »gewöhnliche Hauskatzen« handelt, aber auch bei Rassekatzen ist sie nicht ganz ohne Probleme. Denn jedes Kätzchen braucht tierverständige Menschen, genügend Platz und richtige Versorgung. Das ermöglicht ihm ein in jedem Sinn unverkürztes Katzenleben. Sonst würde es besser nicht geboren werden. Anonymen Verkauf über Dritte, ohne eigene Kenntnis des zukünftigen Besitzers, sollte es deshalb gar nicht geben. Wer mit der Suche im Bekanntenkreis oder per Zeitungsannonce vor oder gleich nach der Geburt der Jungen beginnt, hat vielleicht Gelegenheit, geeignete »Eltern« zu finden. Aber seien Sie kritisch! Wer Tiere wirklich mag, wird für besorgte Fragen Verständnis, für Ratschläge ein offenes Ohr haben. Und Sie selbst müssen Verständnis aufbringen, wenn Interessenten Katzen und Kätzchen in ihrer normalen Umgebung in Ruhe beobachten möchten, und wenn sie (bei Rassekatzen) Abstammungspapiere und Impfzeugnisse sehen wollen. Nutzen Sie die Gelegenheit, die eventuellen Käufer ein bißchen zu testen, wenn sie sich mit den Tieren befassen – in deren wohlverstandenem Interesse.
Katzen und Kätzchen in ihrer normalen Umgebung – damit bin ich beim nächsten Thema: Jede Katzenfamilie braucht ausreichend Platz und ausreichend wirklich geeignetes Futter. Und Ihre tägliche Aufmerksamkeit und Zuwendung. Schon kurz vor der Geburt der Jungen und erst recht während ein Wurf heranwächst, ist an Ausflüge und Urlaub nicht zu denken!
Damit Sie als Besitzer einer Rassekatze die gewünschten rassereinen Tiere bekommen, braucht Ihre Katze einen zugelassenen Deckkater. Die Deckgebühren sind nicht eben niedrig; sie liegen zwischen 150,– und 350,– DM.
Wenn Sie vorhaben, auf Ausstellungen Preise zu gewinnen, bedenken Sie, daß so etwas niemandem in den Schoß fällt; daß jede Ausstellung mit allem Drum und Dran für die Tiere eine erhebliche Belastung bedeutet und nicht nur Zeit, sondern auch einiges Geld kostet. Das sollten Sie im Sinn behalten, wenn Sie des Gewinnes wegen oder um Ehren einzuheimsen Katzen züchten wollen.
Wenn Sie sich aber nach der Lektüre dieser Vorbemerkung und der Prüfung Ihrer Möglichkeiten aus Überzeugung und guten Gewissens für einmaligen Nachwuchs Ihrer Katze oder gar für die Rassekatzenzucht entscheiden, weil Ihnen die eine oder andere Rasse besonders gut gefällt und Sie alle Voraussetzungen dafür erfüllen können, ist der Abschnitt über die Katzen-Familie für Sie besonders wichtig. Literatur finden Sie auf Seite 72 unter »Bücher, die weiter helfen«.

Katzenliebesspiele

Hauskatzen werden mit etwa 8 Monaten zum ersten Mal »rollig«, Kater »brünstig«, das heißt sie kommen in Paarungsstimmung. Lassen Sie sie dann sterilisieren beziehungsweise kastrieren. Nicht früher, weil die Tiere noch nicht ausgewachsen sind und nach der Opera-

tion nicht oder nicht richtig proportioniert weiterwachsen (Kopf bleibt zu klein).
Die Rolligkeit der Kätzin äußert sich zuerst in Unruhe, besonders großem Zärtlichkeitsbedürfnis, aromatisch duftendem Fell (»für den Kater parfümiert« sagten wir Kinder), »Köpfchengeben« (→Seite 51), schließlich in rhythmischem, ausgesprochen kokett wirkendem Hin- und Herrollen auf dem Rücken und

Rhythmisches Hin- und Herrollen und gurrende Rufe zeigen an, daß Ihre Katze rollig ist.

gurrenden Rufen. Das sind Vorspiele, und Katzen, die frei laufen dürfen, machen sich spätestens jetzt auf die Suche nach einem Kater. Sind sie sehr »häuslich«, wie ich das bei zwei Tieren erlebte, empfangen sie die Kater aus der Umgebung (die immer »wissen«, wo eine Katze rollig ist) oft im Garten oder auf der Terrasse.
Auch sehr anhängliche Katzen und Kater kümmern sich in dieser Zeit nicht um Sie. Es kann sogar vorkommen, daß sie unwillig reagieren, wenn Sie sie streicheln. Sie sind eben jetzt mit sich selbst beschäftigt.
Wenig bekannt ist, daß die Katze sich den Partner nach ihrem Geschmack aussucht, nicht etwa nach Stärke und Rang, und daß die Kater die Wahl fast stets respektieren. Kater-Rang-Kämpfe scheinen Katzen kaum zu beeindrucken, obwohl man sie manchmal als Zuschauerinnen dabei beobachten kann.

Die Paarung

Putti, unsere Halbangora-Katze, empfing während ihrer ersten Rolligkeit an einem warmen Nachmittag die Kater der Umgebung auf der Terrasse. Sie saßen dort im großen Kreis, bis auf einen einäugigen, verwilderten Haudegen kräftige gepflegte Tiere. Etwas abseits hockte ein kaum erwachsenes, schmächtiges, graugetigertes Kerlchen.
Putti wälzte sich auf den warmen Platten, rhythmisch, schneller und schneller, das lange seidige Fell glänzte. Die Kater schauten unverwandt zu. Es wirkte wie ein wilder, schöner Tanz. Plötzlich hielt sie inne, sah sich wie erwachend um, sprang auf die Füße, fauchte die Kater heftig an und zog sich durchs offenstehende Fenster auf die Fensterbank des Kinderzimmers zurück. Von dort aus begann sie, nach dem kleinen grauen Kater zu rufen. Die großen Kater begriffen rasch und zogen sich langsam zurück.
Erst jetzt traute sich der Kleine zögernd näher. Putti rief weiter, unaufhörlich und drängend, bis er ihr über den willig durchgeknickten Rücken stieg, in den dargebotenen Nakken biß und die Paarung (die in diesem Fall ohne Folgen blieb) vollzog.
Danach wurde er nicht angefaucht und erhielt auch nicht die sonst meist übliche Ohrfeige, Putti zog sich nur langsam zurück.
Die von Fauchen begleitete Ohrfeige nach der Paarung, die die Katze dem Kater verabreicht, ist vor allem dann üblich, wenn die beiden einander vorher nicht persönlich kannten. Katzen, die mit einem Kater gut bekannt oder gar »freundschaftlich verbunden« sind, deuten die Ohrfeige nur an oder verzichten ganz darauf.

Die Katzen-Familie

Der Nachwuchs wird erwartet

Wenn Ihre Katze vom Deckkater zurück ist (man bringt bei Rassekatzen stets das weibliche Tier zum Kater), wird sie wahrscheinlich noch ein Weilchen schreien und sich rollen – bis die normale Zeitspanne der Rolligkeit von etwa 8 Tagen vorüber ist. Nach drei bis vier Wochen wissen Sie mit einiger Bestimmtheit, ob Junge unterwegs sind: Die Zitzen werden fester und rundlicher und färben sich rosa. Von der fünften Woche an wird die Zunahme des Leibesumfangs deutlich. Die Katze muß in dieser Zeit besonders gut ernährt werden und erhält mehrere kleine Mahlzeiten (→Seite 32). Meist beginnt sie schon ein paar Wochen vor der Geburt, die 62 bis 68 Tage nach dem Decken erfolgt, überall nach einem geeigneten Wochenbett zu suchen: in Schränken, Schubladen, Wäschefächern und Körben.
Vielleicht gelingt es Ihnen, dem Tier schon in dieser Phase mit Erfolg ein Wurflager anzubieten. Es soll ein wenig erhöht stehen, zugfrei sein, »in Deckung« und nicht zu hell. Korb, Kiste oder fester Pappkarton, ungefähr in den Maßen 35 × 50 cm und mit 25 cm hohem Rand, eignen sich dafür. Die Katze soll bequem liegen, sich aber auch während des Geburtsvorgangs einstemmen können. Als Einlage eignet sich ein mit waschbarem Überzug versehenes festes Kissen oder eine Puppenmatratze. Legen Sie darüber ein weiches, waschbares Tuch (alte Decke), eine dicke Lage Zeitungen und alte weiche, saubere Lappen. Die durchnäßten Zeitungen und Lappen können nach der Geburt vorsichtig entfernt werden, wenn die Katze sie überhaupt so lange duldet. Nicht immer wird ihr recht sein, was Sie praktisch finden.

Katzengeburt

Anhänglichkeit und Zärtlichkeitsbedürfnis der meisten tragenden Katzen sind besonders groß. Richtig betreute Hauskatzen verbringen mehr Zeit als sonst zu Hause und bei ihren Menschen, auch wenn sie an freien Auslauf gewöhnt sind.
Die Geburt kündigt sich meist durch Abgang von Fruchtwasser an, im Normalfall setzen dann bald die Wehen ein. Viele Katzen, vor allem wenn sie zum erstenmal Junge bekommen, wollen dann nicht allein sein. Sie verlangen nach der Nähe der vertrauten Menschen. Unsere Misa bekam ihre ersten und einzigen Jungen (von denen eins am Leben und bei uns bleiben durfte) ausgerechnet, während wir frühstückten und bestand darauf, auf der Bank zwischen uns zu liegen. Wir gaben nach und betteten sie dort in das eilig geholte, vorbereitete Körbchen. Zwei Kätzchen wurden ziemlich rasch hintereinander geboren, Misa befreite sie von der Fruchthaut, nabelte sie ab und leckte sie trocken. (→Seite 45.) Aber dann war sie plötzlich erschöpft, schien nicht mehr imstande, das letzte Kätzchen zur Welt zu bringen. Blitzartig kam mir der Gedanke, ihr Bohnenkaffee mit viel Büchsenmilch anzubieten. Sie trank gierig, erholte sich relativ rasch und Nummer 3 wurde geboren, Beppi, die bei uns 12 Jahre alt wurde. – Übrigens trinken viele Katzen gern in Pausen während der Entbindung. Bieten sie deshalb ab und zu körperwarme verdünnte Büchsenmilch an.
Eine andere Katze, ein herrenloses mageres Tier, das ich aufgenommen hatte und das die von mir gut vorbereitete Kiste in einer warmen Ecke des Dachbodens, nahe meinem Zimmer, stehen hatte, »brauchte« mich auch. Sie sprang verzweifelt immer wieder gegen

Geburt einer Katze: Die Katzenmutter befreit ihr Junges von der Fruchthülle und beißt die Nabelschnur ab. ▷

meine Tür, bis ich sie samt Kiste hereinnahm. Vor meinem Bett bekam sie ihre Jungen – wobei ich sie schlaftrunken, halb aus dem Bett hängend, die ganze Zeit streichelte und ihr leise zuredete.

Die ersten Tage eines Katzenlebens

Neugeborene Kätzchen haben ihr vollständiges Fell, das »daunenartig« ist – weicher und wärmer als das Fell großer Katzen. Auch die Zeichnung ist schon erkennbar. Die weichen Ohrmuscheln sind winzig und dicker als später, das Gehör funktioniert noch nicht, die Augen sind noch geschlossen. Wie bei allen Neugeborenen sind der Kopf relativ groß, der Körper klein, die Gliedmaßen noch schwach. Die winzigen Krällchen an den Pfoten können noch nicht eingezogen werden.

Die erste Lautäußerung jedes Katzenbabies ist das hohe, dünne durchdringende Schreien, das ein wenig nach ungeölter Tür klingt. Nicht viel später, am dritten oder vierten Tag, können die Kleinen schon fauchen. Als Kinder machten wir uns manchmal einen Spaß daraus, die blinden Mini-Tiger durch Hinhalten des (fremd riechenden) Fingers zu leisem, aber heftigem Fauchen und zum Gesichtverziehen zu bewegen.

Auch das erste Geraufe und Gerangel um den besten Platz an Mutters warmem nährendem Bauch findet dann schon statt, drollig anzusehen zwischen den Winzlingen mit den dicken Köpfchen und den dünnen Gliedmaßen.

Wenn Sie der Katzenmutter nicht alle Jungen lassen können, nehmen Sie die überzähligen möglichst bald nach der Geburt vorsichtig, mit warmen Händen der Mutter weg, packen sie in ein warm ausgelegtes Körbchen oder einen Karton und bringen sie zum Töten zum Tierarzt. Mancherorts hilft auch der Tierschutz, erkundigen Sie sich beizeiten und lassen sich eventuell vormerken. Wenn Sie selbst nicht imstande sind, fürs Aussuchen Kätzchen und Kater auseinanderzuhalten (→Seite 9), müssen Sie den Tierarzt fragen. Das Herausnehmen der Jungen mit vorsichtigen warmen Händen und das warme Einpacken sind auch deshalb so wichtig, weil die Kleinen sonst schreien und dadurch sofort die Mutter alarmieren.

Die ersten Wochen

Bleibt nur ein Junges übrig, ist eine warme Einlage (zum Beispiel ein Woll-Lappen) besonders wichtig. Die Kätzchen wärmen sich ja sonst gegenseitig. Ich hatte in solchen Fällen den Katzenkorb in den ersten Wochen neben meinem Bett, um bei Abwesenheit der Mutter das piepsende frierende Kleine rasch zudekken zu können. Die Katze konnte durchs Fenster aus und ein.

Nach einer knappen Woche schnurren die Katzenkinder zum erstenmal – und zwar während sie die Zunge wie ein Löffelchen von unten her um die Zitze gelegt haben und warm an Mutters Bauch gebettet trinken. Sie »melken« (regen den Milchfluß an), indem sie die Milchquellen mit den Vorderpfötchen bearbeiten. Das können sie, sobald sie zum erstenmal trinken.

Diesen »Milchtritt«, manchmal sogar zusammen mit zum »Löffelchen« gefalteter, ein wenig herausschauender Zunge (so fallen satte Katzenbabies meist in Schlaf), sehen Sie auch an erwachsenen Katzen. Er ist dann immer Ausdruck großen Wohlbehagens, völliger Geborgenheit – »Erinnerung« an eine Art irdisches Katzenparadies.

Oben: Erste Kampfspiele. Wie man deutlich sieht, wird der Kleine noch nicht ernstgenommen.
Unten: Fünf Katzenkinder der Rasse Europäisch Kurzhaar, braun-gestromt und -getigert.

Im Laufe der ersten Woche beginnen die Kleinen zu hören. Etwa am 8./9. Tag öffnen sich die blauen Augen, die sich erst nach einigen Wochen auf die endgültige Farbe umfärben. Nicht auf einmal, sondern Stückchen für Stückchen. Sobald sie ganz offen und blank sind, können die Kätzchen sehen. Sie beginnen dann, drollig und langsam mit erstaunten Augen allem zu folgen, was sich in ihrem Gesichtskreis bewegt. Etwas später tupfen sie vorsichtig mit der Pfote nach allem, was sie interessiert. Etwa drei Wochen nach der Geburt wachsen die Milchzähne, die vom 5. Monat an durch die endgültigen Zähne ersetzt werden. Während der ersten Woche wäscht jede Katzenmutter ihre Kleinen mehrmals täglich, massiert mit der Zunge Bäuchlein und After, damit die Verdauung funktioniert und frißt alle Ausscheidungen. Dabei unterbricht sie jedesmal ihr Schnurren, das die übrige Wäsche begleitet. Es handelt sich hier anscheinend um eine weniger angenehme Pflichtübung. – Ab dem 25. Tag etwa versuchen sich kleine Katzen schon auf dem Katzenklo und verscharren, noch ein wenig ungeschickt, ihr Geschäftchen.
Kräftige Junge halten oft schon in der dritten Woche beim Waschen nicht mehr still und versuchen, sich strampelnd zu befreien. Aber da gibt's kein Pardon. Die Katzenmutter hält das Widerspenstige mit den Vorderpfoten fest und bearbeitet es mit den Hinterpfoten, bis es Ruhe gibt.
Sobald die Katzenkinder sich einigermaßen auf den Beinen halten können, machen sie eigene ungeschickte Waschversuche, bei denen sie immer wieder einmal das Gleichgewicht verlieren.
Und sie beginnen ihre Umwelt zu erforschen, versuchen aus dem Nest zu krabbeln. Ist eins draußen, bekommt es Angst vor dem eigenen Mut und schreit, bis die Mutter es zurückholt. Sie packt es am Nackenfell, was beim Katzenkind »Tragstarre« auslöst. Ein zappelndes Bündel wäre ja auch noch schwerer zu transportieren. Auf diese Weise ziehen Katzenmütter auch um, wenn ihnen das erste Nest für die Jungen zu unsicher oder zu unruhig

Mit dem »Milchtritt« regen die Kleinen bei der Katzenmutter den Milchfluß an.

erscheint. Das »Muster« des Nackenfelltragens liegt übrigens auch dem Kopulationsbiß des Katers und dem Tötungsbiß (bei dem nur die Beißhemmung aufgehoben ist) zugrunde.

Übertragung des Brutpflegeverhaltens

Als Misa ihr Katzenkind Beppi aufzog, waren unsere beiden Buben noch klein. Sie reagierte damals für Wochen nicht nur auf das Fiepen ihres Jungen, sondern auch auf das Weinen unserer Kinder.
War der Kleine hingefallen, hatte sich der Große in den Finger geschnitten – Misa lief eilig herbei. Sie sah sich knurrend und verteidigungsbereit nach allen Seiten um und rieb sich dann zärtlich und tröstlich gurrend an dem Kind.
Auch meinen Mann und mich bezog sie in

ihre Fürsorge ein und brachte uns von Zeit zu Zeit eine totgebissene Maus. Wir wurden eben völlig richtig als »noch zu ungeschickt fürs Mäusefangen« eingeschätzt. Wenn sie uns die Maus vor die Füße legte, freundlich gurrend lockte und mit Ausdauer zum »Zulangen« aufforderte, bedauerte ich direkt, daß wir ihr den Gefallen nicht tun konnten. Übrigens behielt sie das Beutezutragen bei, solange sie lebte, während das Reagieren auf Kinderweinen sich mit der Zeit verlor.

Und die Annahme anderer Tierkinder

Bekannter ist, daß Katzenmütter sich auch anderer Tierkinder annehmen und junge Hunde, Kaninchen, Meerschweinchen, Eichhörnchen (also auch Beutetiere) großziehen. Man kann sich allerdings nicht fest darauf verlassen, nicht jede Katze tut das – aber es kommt vor.

Wenn aus Katzenmüttern Furien werden

Aus der furchtsamsten Katze wird eine zu allem entschlossene kleine Furie, wenn sie um ihre Jungen Angst hat. Auch ein großer Hund, der sich vielleicht nur zufällig in Richtung des Nestes bewegt, wird mit unglaublicher Geschwindigkeit ohne Zögern angegriffen. Ehe er begreift, ist er in ein jaulendes, Fellflocken verstreuendes Bündel verwandelt worden und flüchtet, völlig überrumpelt. Der Tierkenner und -schriftsteller E. S. Thompson berichtet von einer Katzenmutter, die im Yellowstone Park sogar einen Bären auf einen Baum trieb!

Katzenspiele

Kleine Katzen beginnen zu spielen, wenn sie noch nicht einmal sicher auf den Beinen sind. Man könnte ihnen stundenlang zusehen und dabei völlig vergessen, daß es auch noch anderes zu tun gibt.
Sie tatzeln nach Schwesterchens Kopf oder Mutters bewegtem Schwanz, langsam noch und durchaus nicht zielsicher. Sie laufen hintereinander her, stoßen mit dem Kopf an Stuhlbeine, purzeln um. Auch koordinierte Bewegungen wollen gelernt sein. Aber das geht rasch. Sechs Wochen alte Kätzchen haben schon flinke, zielgerichtete Bewegungen. Ausdauer, Kraft und Geschicklichkeit sind deutlich gewachsen. Nur werden sie noch rasch müde, nach wildem Spiel »überfällt sie plötzlich der Schlaf«, ähnlich wie kleine Kinder im Krabbelalter.
Katzenmütter mit nur einem Jungen sind auf einmal wieder jung und verspielt und ersetzen dem Einzelkind weitgehend die Geschwister.

Katz und Maus

Katzenmütter, die dazu Gelegenheit haben, bringen nun auch bald die erste getötete Maus. Die Kätzchen schnuppern zwar interessiert, wissen aber noch nichts mit ihr anzufangen. Die Alte knurrt, packt die Maus mit den Zähnen, legt sie wieder ab, schiebt sie mit der Pfote hin und her und frißt sie schließlich auf. Die Kätzchen bleiben Beobachter. – Bald darauf bringt die Katze eine nur leicht verletzte Maus. Die Kleinen laufen hinterher, tatzeln danach und springen entsetzt zurück, wenn die Maus sich in ihrer Todesangst gegen sie wendet, sie in Pfote oder Nase beißt. Das Töten übernimmt noch die Mutter, aber die Jungen beginnen, auf den Geschmack zu kommen, lecken und kauen an dem, was die

Mutter übrig läßt. Schließlich bringt die alte Katze die erste unbeschädigte, noch voll bewegliche Maus, läßt sie vor den Kleinen laufen und setzt sich beobachtend dazu.
Man sieht den Kätzchen an, wie Neugier, Jagdtrieb und Furcht miteinander kämpfen. Schließlich wagt sich das Mutigste vor und packt (wenn es nicht von der Beute gebissen wird) »gefährlich knurrend« die Maus. Nun wagen sich auch die Geschwister heran – der »Mäusejäger« will seine Beute nicht hergeben, versucht sie knurrend in Sicherheit zu bringen und beißt schließlich, in die Enge getrieben, fest zu. Er hat seine erste Maus getötet, etwas Entscheidendes gelernt.

Bei der ersten Begegnung mit einer Maus überwiegt noch die Furcht vor dem unbekannten Tier.

Kätzchen, die allein aufwachsen und keine Geschwister als Konkurrenz haben, lernen das Fangen und Töten meist langsamer, sie nehmen einfach der Mutter die Maus ab. Unsere Katze Misa griff schließlich zu recht menschlich anmutenden Maßnahmen: Nachdem Tochter Beppi, schon vier Monate alt, die mitgebrachte Maus dreimal hatte entwischen lassen, ohrfeigte die Mutter sie kräftig.
Katz und Maus – Anschleichen, Anspringen, Totschütteln und Umhertragen spielen Kätzchen auch mit Wollknäulen, Bällchen, Papierkugeln und dem Schwanz der Mutter.

Raufspiele
Anschleichen, anspringen, sich rangelnd miteinander über den Boden wälzen, mit gesträubtem Schwanz und Fell, die Rückenhaare zum Kamm aufgestellt, mit steifen Beinen schräg aufeinander zu springen: das sind Raufspiele, bei denen kleine Katzen ihre Kräfte messen und ihre Geschicklichkeit üben. Sind keine Geschwister da, spielt die alte Katze ausdauernd und übermütig mit dem Einzelkind.

Sitzt ein Kätzchen auf dem Baum
Jede kleine Katze versucht sehr bald zu klettern. Über den Rand des Nestes, auf Sessel und Couch, und wenn Sie sie nicht immer wieder »herunterpflücken« und mit anderem beschäftigen, an den Gardinen hoch.
Bei uns hat die derbe Bastbespannung an der Garderobe schon 15 Jahre Kletterübungen und Krallenschärfen kaum beschädigt überstanden, Gardinen waren vielleicht deshalb uninteressant. Ein Kätzchen, das nach draußen kann, klettert eines Tages bestimmt auch auf einen Baum, oft von der Mutter animiert. Und bekommt Angst vor dem eigenen Mut, wenn es oben ist. Sitzt da, ein Häufchen Elend, und schreit.
Ich sehe noch unseren damals dreijährigen Sohn Martin unter der Birke stehen, in der die kleine Misa festgekrallt hing, tränenüberströmt. »Jetzt kommt sie niiie mehr runter!« schluchzte er. Nachdem wir ein Weilchen gelockt hatten, kam sie doch, unsicher, rutschend, mit abgespreizten Pfoten. Bei manchen Kätzchen dauert es Stunden, bis sie sich herunterwagen. Wenn das Ihre Nerven zu sehr strapaziert, müssen Sie die Feuerwehr benachrichtigen. Zum Glück ist das Baumklettern für Katzen bald Routine.

Wenn aus Kätzchen Katzen werden

Solange kein neuer Nachwuchs unterwegs ist, sind Mutterkatze und Junge eng verbunden – oft bis zu einem Vierteljahr. Bei Einzelkindern wird sogar gelegentliches Saugen sehr lang hingenommen. Viel länger als bei mehreren Geschwistern, die früher entwöhnt werden und mit 8 bis 9 Wochen auch keine Muttermilch mehr brauchen. Ist ein zweiter Wurf unterwegs, faucht und knurrt die alte Katze, wenn die Kinder saugen wollen, läßt sie nur noch wenig und widerwillig trinken und entwöhnt sie rascher. Wenn die Kätzchen bereits 8 Wochen alt sind, schadet ihnen das nichts. Sind sie noch jünger, müssen Sie sie besonders sorgfältig füttern.
Langsame Entwöhnung und schrittweise Umstellung auf andere Kost ist für das Gedeihen der Kleinen und ihre spätere Gesundheit sehr wichtig. (→Seite 32, 34). Auch aus diesem Grund sollten Sie kein Kätzchen erwerben, das unter 8 Wochen alt ist.
Bei einem Findling kann man das Alter freilich nicht berücksichtigen. Das Tierchen braucht einfach Hilfe und kann bei gewissenhafter Ernährung, Versorgung und Zuwendung gesund und kräftig werden. Unser Findling Putti, inzwischen 10 Pfund schwer, gesund, lebhaft und schön, kam halbverhungert mit knapp drei Wochen in unsere Familie. Sie wurde sorgfältig gefüttert, meist von mir, sonst aber von unseren beiden Buben in deren Zimmer betreut. Die ließen sich auf ihre immer wilder werdenden Raufspiele ein, ungeachtet dauernder Kratzer und Beißspuren. Sie liebten (und lieben) ihren Mini-Tiger und er sie. Sie ersetzten ihm Mutter und Geschwister, soweit das überhaupt möglich war. Und sie sind nach wie vor die Hauptbezugspersonen der längst erwachsenen Putti. – Ihre Gunst verteilt sie gleichmäßig, schläft mal beim einen im Bett und kuschelt sich beim Fernsehen mit unnachahmlichem Augenaufschlag und lautem Schnurren dem anderen auf den Schoß.

Die Rolle des Katers in der Katzenfamilie

Kater haben als Väter einen ausgesprochen schlechten Ruf. Wohl nicht ganz ohne Grund, denn es scheint keine Erfindung zu sein, daß sie manchmal neugeborene Kätzchen fressen. Nach meinen Beobachtungen trauen freilebende Katzen (zum Beispiel auf einem Bauernhof) keinem Kater über den Weg, wenn sie Junge haben und vertreiben jeden, der in die Nähe des Nestes kommt. Und stets mit Erfolg.
Etwas anderes ist es, wenn Katze und Kater miteinander im gleichen Haushalt leben. Sie kennen sich oft von klein an, sind aneinander gewöhnt oder sogar als große Tiere befreundet. Hier kann man ganz andere Verhaltensweisen beobachten.
Als meine Katze Musch ein gutes halbes Jahr nach der Geburt ihres schwarzen Sohnes Pizzi Junge bekam, durfte sie wieder nur eins behalten. Pizzi war vom ersten Tag an freundlich zu dem Kleinen, legte sich zum Wärmen in den Katzenkorb, wenn Mama auf Mäusefang war und das typische Verlassenheitsquietschen ertönte. Als der »kleine Bruder« dafür alt genug war, spielte er oft mit ihm, vorsichtig und ohne ihm wehzutun.
Ein Jahr später, Brüderchen hatte längst einen guten Platz, war die Katze wieder hochtragend. Ich vermute, daß Pizzi der Vater war. Eines Morgens, als er mir gerade im Gewächshaus beim Eintopfen zusah, erschien sie

an der Tür, rief laut und drängend und war erst ruhig, als der Kater aufstand und mit ihr fortging.
Als ich einige Zeit später nach den beiden schaute, fand ich sie nebenan im Stroh des Schuppens. Ein Neugeborenes lag schon am Bauch der Mutter, die Geburt des nächsten war im Gang. Die vorher aufgeregte Katze machte einen entspannten, zufriedenen Eindruck. Neben ihr saß der Kater, aufmerksam und leise schnurrend. Auch diesmal konnte ich nur ein Junges am Leben lassen, auch diesmal leckte, wärmte und hütete Pizzi es im Wechsel mit der Mutter und spielte später mit ihm.
Solches »Vaterverhalten« scheint bei mit der Mutterkatze zusammengewöhnten »häuslichen« Katern öfter vorzukommen. Und selbst bei Kastraten: Ich kenne einen, der ein Jungtier mit großer Freundlichkeit betreute, wusch und mit Mäusen versorgte. Anscheinend aber nicht nur hier. Ich hörte von einem verwilderten, freilebenden Kater, der eine verwöhnte Hauskatze auf Nimmerwiedersehen »entführte«. Knapp vier Monate später tauchte er mit drei Jungen beim Haus der ehemaligen Katzenbesitzer auf. Er ließ den anscheinend Verwaisten den Vortritt beim Futter, das ihnen rasch hingestellt worden war. Die Vier kamen einige Wochen regelmäßig, wohl bis die Kleinen (die nicht zahm wurden) gelernt hatten, für sich selbst zu sorgen, dann blieben sie aus. – Ein im Zoo gehaltener Wildkater räumte seinen Höhlenplatz für die Familie, trug der Katze Futter zu und drohte knurrend, wenn später Besucher einem der Kätzchen am Gitter zu nahe kamen.

Katzen-»Dressuren«

Manche Katzenbücher geben auch dazu Anleitung. Ich halte nichts davon, Katzen zu dressieren, obwohl das mit Geduld und Freundlichkeit sicher möglich ist.
Was Katzen aus eigenem Antrieb tun, ist wesentlich interessanter. Und wie sie »ihre« Menschen dressieren, wesentlich amüsanter. Beppi verlangte, in den Garten gelassen zu werden, indem sie sich demonstrativ vor die Terrassentür setzte. Miauen hielt sie für überflüssig. Wurde nicht sofort geöffnet, wartete sie noch etwas, drehte dann den Kopf und sah uns so unmißverständlich vorwurfsvoll an, daß mit Sicherheit ein Familienmitglied aufsprang, um zu öffnen. Beppi wollte auch regelmäßig in den Garten, wenn mein Mann am Abend hinausging. Sie rieb sich an seinen Beinen, tat ein paar Schritte, sah sich um. Blieb mein Mann nach ihrem Geschmack zu lange stehen, zwickte sie ihn sanft ins Bein und »dirigierte« ihn so zum rechten Pfosten des Gartentors, auf den sie dann sprang. Hier ließ sie sich streicheln, gab Köpfchen, balancierte über das Törchen auf den linken Pfosten, ließ sich wieder schöntun und war erst

»Köpfchengeben« gehört zum Begrüßungszeremoniell. Die Katze erwartet, daß sie gestreichelt wird.

nach drei- bis viermaliger Wiederholung der Zeremonie zufrieden. Ihre Dressur!
Wenn Misa in die Wohnung wollte, klapperte sie mit dem an der Etagentür hängenden Schlüsselbund. Wahrscheinlich hatte sie sich beim Warten einmal hochgereckt, war an die Schlüssel gestoßen – und die Tür hatte sich geöffnet. Da wir gut zu erziehen sind, öffneten wir der erfindungsreichen Dame nun natürlich auf jedes Klappern hin sofort. Putti, die ein schwaches Stimmchen hat, bringt uns durch lautes Trommeln an Türen oder Fensterläden bei Tag und Nacht dazu, rasch zu öffnen. Sie benutzt beide Vorderpfoten und ist, auch wenn man tief schläft, nicht zu überhören.

Außergewöhnliche Lernleistungen

Manch stolzer Besitzer ist zwar davon überzeugt, aber selbst kluge Katzen verstehen nicht jedes Wort, das zu ihnen gesprochen wird – nur den Tonfall. Machen Sie die Probe darauf. Wenn Sie im zärtlichen Tonfall »Du Mistvieh, Du Scheusal« sagen, wird jede Katze schnurren und Köpfchen geben!
Aber Katzen machen »Erfindungen«, sie lernen, ohne herumzuprobieren, allein aus Beobachtungen. Sie ahmen nicht nur nach, sondern sind fähig, einfache Schlüsse zu ziehen und sie in die Praxis umzusetzen. Leider wird dieses »einsichtige Verhalten« einzelner Tiere nicht weitergegeben. Schuld ist das sehr lose soziale Leben und die bei aller Intensität nur sehr kurze Mutter-Kind-Beziehung.
Ich will Ihnen ein paar Beispiele erzählen.
Misa saß als junge Katze allabendlich auf dem Badewannenrand und beobachtete gespannt, wie das Badewasser der Kinder im Ablauf verschwand. Schließlich sprang sie eines Abends in die gerade entleerte Wanne, setzte sich genau über den Ablauf, den Schwanz sorgfältig abgespreizt und machte ihr kleines Geschäft. Sie benutzte dieses »Klo« von da an öfter. Sie hatte den Zusammenhang begriffen.
Der Kater von Bekannten benützt sogar das Klo »seiner« menschlichen Familie. Die Klotür wird stets einen Spaltbreit für ihn offengelassen. Jedes »große Geschäft« meldet er durch Miauen, die »kleinen« nicht.
Mein schwarzer Kater Pizzi entdeckte seine Vorderpfote als Eßwerkzeug. Ich brachte sein Futter in einem hohen schmalen Emaillebecher aus der Küche mit und füllte daraus die Futterschale. Als er dies einige Male beobachtet hatte, holte er sich eines Tages selbst den Rest geschickt mit der Pfote aus dem Becher, leckte den »Löffel« sorgfältig ab und langte wieder zu. Beim ersten Versuch, den Kopf in den Becher zu stecken, hatte er keinen Erfolg gehabt – »da kam ihm die Idee«, es mit der Pfote zu versuchen.
Eine andere Katze, die ich mal auf einem Gut betreute, konnte die »Falltüren« der Hühnernester auch von innen öffnen. Sie benützte eins der strohgefüllten dunklen Nester als Wochenstube und betreute die Kleinen dort, bis sie sehen und laufen konnten. Dann war sie einverstanden, daß ich ihr beim Umzug in ein anderes Quartier half.
Misa, Beppi und Putti fangen Tropfen vom Wasserhahn und lecken sie von der Pfote, wenn sie gerade Durst haben. Und Putti, eine langpelzige Halbangora-Schönheit, legt sich bei heißem Wetter gern zur Abkühlung in die noch feuchte Badewanne.
Türen öffnen können viele Katzen, sie springen auf die Klinke und drücken dann gegen die Tür.
Jeder Katzenkenner kann meinen kurzen Bericht durch eigene Beobachtungen ergänzen.

Rasse-Katzen

Wie bei allen Tieren, die von Menschen zu Haustieren gemacht wurden, gibt es auch bei Hauskatzen viele Rassen. Sie werden unter Beachtung bestimmter Standards gezüchtet, auf Ausstellungen gezeigt und an andere Liebhaber verkauft – im Gegensatz zu den »gewöhnlichen« Hauskatzen, die sich unkontrolliert paaren, natürlich keinem Standard entsprechen und die man geschenkt bekommt. Aber auch sie sind liebenswürdige Hausgenossen, mit aller Grazie begabt, die Katzen eigen ist. Auch »Edelkatzen« sind immer sofort als Katzen zu erkennen. Die Unterschiede im Aussehen sind weit geringer als bei Hunderassen. Die schwanzlosen Manx- und die wellhaarigen, dünnen Rexkatzen sind mir persönlich allerdings schon »einen Schritt zu weit«. Hier sollen nur die bekanntesten Katzenrassen charakterisiert werden.

Europäisch Kurzhaar

entsprechen im Wuchs dem Wildkatzentyp der Hauskatzen und werden in vielen, genau festgelegten Farbschlägen gezüchtet. Es gibt

Zwei häufige Hauskatzentypen: links Plumptyp, rechts Schlanktyp.

alle bei Katzen vorkommenden Augenfarben. Die Rasse gilt als freundlich, lebhaft und relativ anspruchslos. (→Seite 46.)

Siamkatze

Sie scheint wirklich aus Südostasien zu kommen. Man vermutet, daß sie von den Bengalkatzen abstammt. Die Tiere sind schlank, ge-

Eine Siamkatze: Der Grundton des Fells ist cremefarben, die Augenfarbe tiefblau.

schmeidig und muskulös, mit schmalem, keilförmigem Kopf, langen schlanken Beinen und dünnem langem Schwanz. Die Grundfarbe ist hell elfenbeinfarbig. Davon heben sich als Kontrast dunkle Abzeichen ab: als Gesichtsmaske, an Ohren, Pfoten und Schwanz. Die Augen sind blau. Jungtiere sind hell, die Abzeichen bilden sich nach und nach aus. Siamkatzen sind äußerst temperamentvoll und recht laut. Die Brunstrufe nicht operierter Tiere stören empfindliche Nachbarn. Siamkatzen brauchen ganz besonders engen Kontakt zu ihren Menschen, viel Beschäftigungs- und Spielmöglichkeiten und können noch weniger als andere Katzen auch nur zeitweise allein bleiben. (→Seite 28.)

Wildkatzenverhalten bei Hauskatzen. ▷
Oben: Katze in Aggressionshaltung und beim Krallenwetzen. Unten links: Beim Drohen. Unten rechts: Falbkatze mit Jungem.

Abessinier

sind leicht und elegant gebaut und ähneln ein wenig altägyptischen Katzenskulpturen. Das kurze dichte Fell ist bei den ursprünglichen Abessinierkatzen wildhasenfarbig, die Augen grüngelb oder wie Topas gefärbt. Neuerdings gibt es die Rasse auch mit rotem, blauem, silbernem, cremefarbigem und lila Fell. Die Tiere gelten als sehr temperamentvoll und anhänglich. (→Seite 28.)

Havannakatze

Diese Katzen sind schlank und geschmeidig, mit eleganten Proportionen. Der Schwanz ist lang, die Hinterbeine etwas höher als die Vorderbeine. Das Fell ist kurz, dicht und glänzend, von reinem, gleichmäßigem Braun, das aber in verschiedenen Tönungen vorkommt. Die Augen sind grün.

Rexkatze

Sie ist mittelgroß, muskulös und schlank mit langen schlanken Beinen. Das Fell ist, ähnlich wie bei den Rexkaninchen, dicht und plüschartig, etwas gelockt oder gewellt, vor allem an Rücken und Schwanz. Auch Schnurrhaare und Augenbrauen sind gekräuselt. Bei der Rexzucht gibt es manchmal, ganz ungewollt und unerwünscht, völlig haarlose »Nacktkatzen« oder stellenweise unbehaarte Tiere. Man kann nur hoffen, daß daran nicht planmäßig weitergezüchtet wird! Das Ergebnis wären wohl kränkelnde Zerrbilder von Katzen.
Die eigenartigen Rexkatzen entstanden erst im Jahr 1950 durch sprunghafte Erbänderung (Mutation); natürlich in England, dem klassischen Land der Katzenzucht.

Perserkatze

Früher hieß sie Angorakatze, diese Bezeichnung ist aber seit 1965 gestrichen. Woher die Tiere eigentlich stammen, ist nicht geklärt. Es handelt sich wohl um eine Mutation (= sprunghafte Erbänderung) mit längeren Haaren. Durch Auslesezucht, vor allem in England, wurden sie, was sie heute sind. Perser sind stämmig, aber nicht schwerfällig. Der Kopf soll groß und rund sein, mit breiter Stirn, weit auseinanderstehenden kleinen Ohren, einer breiten, kurzen Nase, runden Wangen und großen Augen. Das Gesicht ist von einer Fell-Halskrause eingerahmt, der Schwanz kurz und buschig.

Perser gibt es in unterschiedlichen Fell- und Augenfarben.

Es gibt viele Farbschläge, alle bei Katzen üblichen Augenfarben kommen vor. Perser sind im allgemeinen von ruhigerem Wesen als andere Katzen, dabei zärtlich und freundlich. Sie eignen sich deshalb vielleicht am besten zur Wohnungshaltung. Sie sind auch am ehesten dazu zu erziehen, ab und zu an der Leine zu gehen.
Mit der Pflege des langen Fells werden die Tiere nicht allein fertig – Sie müssen die Katzen täglich gründlich bürsten und kämmen.

◁ Europäische Wildkatze auf Pirsch.

Das Fell verfilzt sonst und die Tiere können durch zu viele verschluckte Haare krank werden. Weiße Perserkatzen mit blauen Augen sind oft taub! Zu den Persern gehören (auch) die berühmten Colour-point. (→Seite 27, Umschlagseite 4.)

Colourpoint-Langhaar

Sie hieß früher Khmerkatze und hat einen hell gefärbten Körper mit dunklen Abzeichen – in denselben Farbvarianten wie die Siamkatze. Sie wurde vor etwa 50 Jahren in Frankreich und Deutschland gezüchtet. Zwar ähnelt sie der Birma-Katze im Aussehen stark, hat aber nie deren weiße Pfoten. Die Tiere sind schön, aber wenig temperamentvoll. Einmal erwachsen, schlafen sie viel und lassen sich gern streicheln, haben aber kaum je Lust zum Spielen. Vielleicht sind aber gerade diese Eigenschaften für manchen ein Grund, diese Rasse zu wählen.

Birmakatze

Sie hat einen zugleich langen und massiven Körper und steht auf niedrigen kräftigen Beinen. Das lange seidige Fell ist am Bauch leicht gekräuselt, der Schwanz dicht wie ein Federbusch. Charakteristisch sind die weißen Pfoten. Die vorkommenden Fellfarben gleichen denen der kurzhaarigen Siamkatzen.
Es gibt sie also als Seal-pointed mit bräunlichen und als Blue pointed mit blauen Abzeichen. Die Augen sind stets tiefblau. Über die Entstehung der Heiligen Tempelkatzen, wie sie auch genannt werden, berichtet eine Legende, die die Tiere als verständnisvolle Gefährten meditierender Priester beschreibt. Über den tatsächlichen Ursprung der Rasse ist nichts Genaues bekannt.

Kennzeichnend für die Birmakatze: buschiger Schwanz, Halskrause und weiße Pfötchen.

Türkische Katze

Halblanges, seidenweiches Haar trägt die Türkische oder Van-Katze, die in der Umgebung des Van-Sees vorkommt. Sie ist widerstandsfähig wie eine Hauskatze und soll weniger wasserscheu sein als andere Katzen.
Der langgestreckte, gedrungene Körper steht auf mittellangen Beinen. Die zierlichen Füße tragen Zehenbüschel, der Schwanz ist mittellang, buschig und kastanienfarben mit helleren Ringen, das Fell kalkweiß. Kastanienfarbene Flecken betonen die Ansätze der zierlichen, weit auseinanderstehenden Ohren.
Nase, Zehenballen und Haut sind rosig, die großen, runden Augen bernsteinfarbig.
Auch diese Rasse wurde zuerst in England gezüchtet, nachdem eine Engländerin im Jahr 1955 die ersten Tiere ins Land gebracht hatte.

Sonderteil: Katzen verstehen lernen

Die Vorfahren unserer Hauskatze

Nach allem, was wir heute wissen, stammen unsere Hauskatzen von den schlanken geschmeidigen, nordafrikanischen Falbkatzen ab. Sie galten als besonders leicht zähmbar und wurden schon im alten Ägypten als Haustiere geschätzt, geliebt und in Tempeln verehrt. Sie waren der Göttin Bastet heilig – eine Art kleine Löwen, die die wirklichen, den Priestern auf Dauer zu gefährlichen Löwen ersetzten.
Nachdem sie, etwa zur Zeit der Karolinger, nach Mitteleuropa gebracht worden waren, paarten sie sich häufig mit den sehr nah verwandten europäischen Wildkatzen, die heute leider selten geworden sind (→Seite 56). Wer sich für diese Tiere interessiert, kann sie im Innsbrucker Alpenzoo anschauen – wenn er Geduld hat. Denn wie in jedem guten Zoo haben die Tiere natürlich die Möglichkeit, sich zurückzuziehen.
Aus der Vermischung der beiden Katzenarten entstanden die beiden bei uns gleichermaßen verbreiteten Hauskatzentypen: *Der Falbkatzentyp* oder Schlanktyp, schlank, relativ hochbeinig, mit zierlichem schmalem Kopf und langem schlankem Schwanz und *der Wildkatzentyp* oder Plumptyp, untersetzt, kurzbeinig und stämmig, mit dickerem rundlicherem Kopf und kurzem buschigem Schwanz ohne eigentliche Spitze (→Seite 53). Die Unterwolle ist dichter als die der Falbkatze. Die Rassekatzen, auch Edelkatzen genannt, sollen aus Kreuzungen zwischen Falbkatzen und Kleinkatzenarten anderer Länder entstanden sein. Außerdem trat im Verlauf der Domestikation eine Reihe von Mutationen auf, durch die Farbe, Haarkleid und Wuchsform verändert wurden, wenn auch in viel geringerem Maß als beim Hund.

Die Nubische Falbkatze

Dies sind kleine schlanke Tiere, sie haben einen schmalen Kopf, große Ohren und einen langen spitzen Schwanz, die Grundfarbe ist geblich grau bis gelbbraun, die Musterung recht unterschiedlich – gefleckt, quergestreift oder an Rücken und Seiten fast ungemustert. Der Rücken ist stets deutlich dunkler, aber ohne Aalstrich. Wilde Falbkatzen bewohnen Steppen, Buschgebiete und Savannen Afrikas und Arabiens, aber weder Regenwald noch Wüste.

Die Europäische Wildkatze

Sie ist der Falbkatze nah verwandt. Seit Einführung der Hauskatzen bei uns (Falbkatzenabkömmlinge!), haben sich Tiere beider Arten wahrscheinlich oft gepaart. So ist der »Wildkatzentyp« der Hauskatze noch heute häufig. Vielleicht erinnern Sie sich an die Meldung, die vor einigen Jahren durch viele Zeitungen ging: Ein vermeintlicher Wildkater, auch das veröffentlichte Bild wies ihn als solchen aus, war im Bayerischen Wald gefangen worden, nah bei menschlichen Siedlungen. Man nahm ihn in Gewahrsam und fütterte ihn. Schließlich sind Wildkatzen seit 1934 geschützt. Da meldete sich der Besitzer, der vermeintliche »Wildkater« begrüßte ihn zärtlich und ließ sich bereitwillig nach Haus bringen. Wahrscheinlich hatten ihn Liebeshändel so weit fortgeführt. So groß kann also die Ähnlichkeit sein.
Reinrassige Europäische Wildkatzen gibt es leider nur noch in kleinen Restbeständen, im Harz, im Hunsrück und in der Eifel. Sie wurden ja lange unbarmherzig als »Schädlinge« verfolgt.

In Anpassung an unsere Waldvegetation und das kühle Klima sind Europäische Wildkatzen größer, gedrungener, kurzschwänziger und kurzohriger als Falbkatzen. Dazu kommt das üppige weiche Fell mit der beim Winterpelz besonders langen dichten Unterwolle. Die gelblichgraue Farbe ist bei älteren Tieren im Winter oft silbrig überreift, die Querstreifung verblaßt. Nur die Gesichtszeichnung, die vier Längsstreifen über dem Nacken, der schmale, schwarze Strich auf der Rückenmitte, die dunklen Ringe um Unterschenkel und Schwanz und die schwarze Schwanzspitze bleiben immer deutlich.

Portrait einer europäischen Wildkatze. Das Gebiß ist kräftiger, die Barthaare sind länger als bei der Hauskatze.

Trotz der besseren Wärmeausrüstung sind auch Wildkatzen sonnen- und wärmeliebend und halten sich nur in klimatisch milden Waldgebieten. Sie liegen genauso gern in der Sonne wie unsere Hauskatzen.
Während des Sommers wohnen sie vor allem am Waldrand oder in Feldgehölzen, das ergiebige Jagdgebiet von Wiesen, Getreide- und Stoppelfeldern vor sich. Neben Mäusen, ihrer Hauptnahrung, auf die sie in der Jagdweise besonders spezialisiert sind, nehmen sie vereinzelt auch Vögel (meist schwache und kranke Tiere), unvorsichtige Junghasen, junge Wildkaninchen und große Kerbtiere wie Maikäfer und Heuschrecken. Nur wenige fangen auch Fische, die sie geschickt mit der Pfote aus dem Wasser schlagen. Im Winter leben sie im Mischwald, am liebsten an warmen Süd- und Südwesthängen. Schneereiche Winter sind für Wildkatzen lebensgefährlich, denn die kurzbeinigen, schweren Tiere mit den relativ schmalen Pfoten sinken leicht im Schnee ein. Und Mäuse sind unter dem Schnee schwer zu erwischen.
Wildkatzen sind die meiste Zeit ihres Lebens Einzelgänger. Allerdings sind die Kater, in der Jägersprache Kuder, während des Sommers allen Kätzinnen gegenüber friedlich. Weibliche Tiere vertreiben fremde Katzen immer aus ihrem Wohn- und Jagdgebiet. Und der Kuder wird von der Wildkatze nur während Rolligkeit und Paarung im Revier geduldet.
Die Werbungs- und Paarungszeit dauert von Februar bis März. Nach einer Tragzeit von etwa 68 Tagen werden zwei bis vier Junge geboren. Sie sind so hilflos wie junge Hauskätzchen und entwickeln sich im gleichen Tempo. Die Mutter hat schon einige Zeit vor dem Werfen einen geschützten trockenen Platz in der Nähe ergiebiger Jagdgründe ausgesucht. Sie betreut und erzieht die Kleinen liebevoll, wie wir es von guten Hauskatzenmüttern kennen.
Sind die Jungen mit etwa drei Monaten selbständig, werden sie von der Mutter vertrieben und müssen sich allein durchbringen. Sie braucht das Revier für sich, um zum nötigen Winterspeck zu kommen. Die jungen Wildkatzen sind schon mit einem knappen Jahr fortpflanzungsfähig, aber erst nach zwei Jahren voll ausgewachsen. Wildkatzen können wie Hauskatzen 12 bis 15 Jahre alt werden.

Sonderteil: Katzen verstehen lernen

Soziales Leben der Hauskatzen

Von der Beziehung zwischen Katze und Kater (→ Seite 41) innerhalb einer Katzenfamilie, mit und ohne Vater, von Katzenerziehung und Katzenspielen wissen Sie jetzt schon einiges. Aber es gibt noch mehr zu berichten, was Ihnen helfen wird, Ihre Katze besser zu verstehen.

Das Heim »erster Ordnung«
Wo eine Katze im eigentlichen Sinn wohnt, ist ihr »Heim erster Ordnung«, wie die Tierverhaltensforscher sagen. Es ist nicht allzu groß, besteht aus der Wohnung »ihrer« Menschen, auf dem Land auch aus Heuboden oder Stall. Immer bietet es mehrere sichere, bequeme Ruheplätze. Meist wird es allein, manchmal auch gemeinsam mit befreundeten Katzen bewohnt. Das aber nur, wenn der Raum ausreicht, einander je nach Stimmung aus dem Weg zu gehen und in Behaglichkeit allein zu sein. Den befreundeten Menschen wird das Mitwohnen gutwillig gestattet. Obwohl sie ganz sicher als eine Art überlegener »Kumpan« und nicht als »Einrichtungsgegenstand« betrachtet werden, wie man noch manchmal lesen kann.
Allerdings bewegen sich gut gehaltene Katzen in ihrem Heim sehr selbstverständlich und selbstsicher. Mein Mann meinte einmal, er hätte das Gefühl, bei seinen Katzen zur Miete zu wohnen.
Auch im »Heim erster Ordnung« gibt es oft eine gewisse relative Rangfolge. Leben mehrere Katzen zusammen, beansprucht das ranghöchste Tier den besten Schlafplatz. Ist er nicht besetzt, legt sich manchmal auch eine andere Katze dorthin. Sie wird von der Überlegenen eigentlich nie vertrieben, räumt aber oft freiwillig den Platz. Ich habe auch schon erlebt, daß Nummer 1 sich zu Nummer 2 auf ihren eigentlichen Platz in das begehrte Körbchen legte, sich breiter und breiter machte und die Unterlegene schließlich hinausdrückte!
Sehr liebe »katzennärrische« Verwandte halten in einer nicht allzu großen Wohnung, zu der allerdings ein großes Gartengelände gehört, sieben Katzen und Kater. Das geht gut, weil jedes Tier einen eigenen Platz hat, der von den anderen respektiert wird. Sogar die Hutablage ist besetzt! An einem reichlich versorgten Futterplatz kommt es selten zu Drohszenen – meist kommen die Katzen auch nicht gleichzeitig zum Essen.
Es gibt auch Katzen, die ausgesprochen freundschaftlich und sozusagen gleichberechtigt nebeneinander leben, ganz ohne Rangunterschied. Sie liegen oft beieinander, wärmen und putzen sich und spielen miteinander, auch als erwachsene Tiere. Beobachtet habe ich das mehrfach. Allerdings nur dort, wo nicht mehr als zwei Katzen miteinander lebten.
Gegen fremde Katzen, gegen Hunde und manchmal sogar gegen fremde Menschen wird das Heim erster Ordnung entschlossen verteidigt. Zum Beispiel auch gegen eine Urlaubsvertretung, die die Katze versorgen will, wenn sie nicht sehr gut bekannt ist!

Das Revier
Das Revier, der Bereich um das Heim erster Ordnung, der mehrere Gärten, vielleicht auch einen Park oder eine Wiese umfaßt, wird weniger verteidigt. Allenfalls werden gebietsfremde Katzen verjagt, Nachbarskatzen dagegen toleriert: Sie haben das »Wegerecht«. Direktes Zusammentreffen allerdings wird möglichst vermieden. Sieht eine Katze die andere, bleiben beide stehen, bis eine sich entschließt, langsam weiterzugehen. Die an-

dere wartet »höflich« und setzt sich erst wieder in Bewegung, wenn die Entfernung groß genug ist.

Katerkämpfe

Kater benachbarter Reviere machen durch Kämpfe untereinander die Rangfolge aus. Im eigenen Revier bleiben aber auch schwächere Tiere Nummer 1. Bei Begegnungen gilt die einmal ausgekämpfte Rangfolge in der Weise, daß der jeweils Unterlegene seine Ruhe hat, wenn er es nicht direkt darauf anlegt, dem Stärkeren in die Quere zu kommen. Despotie wie bei vielen, in streng hierarchischer Ordnung lebenden Tieren gibt es nicht.

Bei Katerkämpfen geht es meist um die Rangfolge untereinander oder um Katzenweibchen.

Alle Kater eines bestimmten Gebietes kontrollieren sozusagen gemeinsam jeden Eindringling, der verjagt oder zum Kampf gestellt wird.

Nur junge Kater bis zu einem Jahr haben Narrenfreiheit und werden auch bei den ersten Kämpfen recht schonend behandelt. Die altbewährten Kämpfer locken die Jungen mit einem fast zärtlichen Gurren zum ersten Treffen. Aber im zweiten Jahr wird es ernst. Dann hat der Neuling viele Kämpfe zu bestehen, zerfetzte Ohren, eine zerkratzte Nase, manchen Biß auszuheilen, bis er seinen Platz in der »Bruderschaft der Kater«, wie der Katzenforscher Professor Leyhausen sie nennt, erobert hat.

Gerät ein »Halbstarker« in einen »Kampf unter Männern«, dann wird er von beiden Kämpfern verjagt, aber ohne Gewalt, nur durch Drohen. Kinder haben schließlich bei so ernsthaften Auseinandersetzungen nichts zu suchen! Das konnte ich selbst beobachten: Mein schwarzer Kater Pizzi kämpfte mit einem kräftigen Nachbarskater, die von beiden begehrte Katzendame sah aus einiger Entfernung zu. Der kaum halbjährige Kater von nebenan schlich vorsichtig näher. Sofort hielten die beiden Kämpfer inne und vertrieben in drohender Haltung gemeinsam den neugierigen Jüngling.

Zum Katerkampf gehört der einleitende Kampfgesang: abwechselnd hohes Miauen und Jaulen und tiefgrollendes Knurren. Beim eigentlichen Kampf versucht der Angreifer, den Gegner in den Nacken zu beißen. Der wirft sich abwehrend auf den Rücken, so daß er alle vier Krallenpfoten und die scharfen Zähne zur Verteidigung frei hat. Dann wälzen sich beide Tiere laut kreischend am Boden, trennen sich wieder, drohen und kämpfen von neuem. Bis eines aufgibt, sitzenbleibt und nicht mehr mitmacht. Normalerweise greift der Sieger nicht mehr an. Er verfolgt den Unterlegenen auch nicht, wenn er davonschleicht, wohl auch deshalb, weil seine Muskeln noch so angespannt sind, daß er »vor lauter Kraft nicht laufen« kann.

Sonderteil: Katzen verstehen lernen

Besonderheiten der Katzen-Anatomie

Katzenzähne
Das Katzengebiß ist in besonderem Maß auf Fleischnahrung spezialisiert. In jeder Kieferhälfte stehen im Ober- wie im Unterkiefer drei kleine Schneidezähne und ein säbelförmiger starker Eckzahn. Dahinter klafft eine Lücke, auf die im Oberkiefer drei, im Unterkiefer zwei Vorbackenzähne und ein Backenzahn folgen. Der obere Backenzahn ist sehr klein. Zum Abbeißen dienen nicht die Schneidezähne wie bei uns, sondern der große letzte obere Vorbackenzahn und der kräftige untere Backenzahn. Die Vorderzähne knabbern, unterstützt von der rauhen Zunge, Fleischreste von den Knochen.

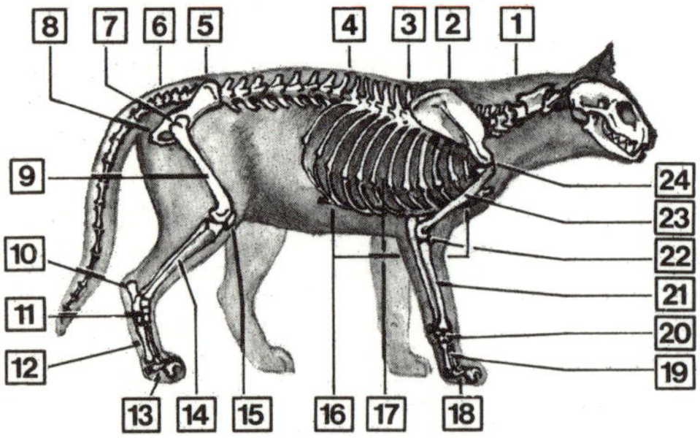

Anatomie der Hauskatze.
1 Halswirbel. 2 Schulterblatt. 3 Brustwirbel. 4 Lendenwirbel. 5 Kreuzbein. 6 Schwanzwirbel. 7 Hüftgelenk. 8 Becken. 9 Oberschenkelknochen. 10 Fersenbein. 11 Fußwurzelknochen. 12 Mittelfußknochen. 13 Zehen. 14 Unterschenkelknochen – vorn Schienbein, hinten Wadenbein. 15 Kniescheibe. 16 Brustbein. 17 Brustkorb. 18 Zehen. 19 Mittelfußknochen. 20 Handwurzelknochen/Handgelenk. 21 Unterarmknochen – vorn Speiche, hinten Elle.
22 Ellenbogengelenk. 23 Oberarmknochen. 24 Schultergelenk.

Sammetpfoten
Alle Katzen sind Zehengänger. Das starke Sohlenpolster (zwischen den Ballen sitzen gut entwickelte Schweißdrüsen) verteilt das Körpergewicht gleichmäßig auf die Ballen und ermöglicht den Tieren ihren leisen Gang. Denken Sie aber nicht, daß Katzen immer leise sind! Beim unbeschwerten Spiel, wenn sie sich völlig sicher fühlen, benehmen sie sich manchmal wie »Trampeltiere«. Ich habe mich oft darüber geärgert, wenn ich schlafen, meine Katzen aber toben wollten.
Alle Katzen haben an den Vorderpfoten 5 Zehen. Der »Daumen« allerdings ist verkürzt und berührt die Erde nicht. An den Hinterpfoten sitzen vier Zehen, die große Zehe ist nur noch als verkümmerter Überrest vorhanden. Zwischen Zehen und Ballen wachsen Haare; lediglich die Ballen sind nicht behaart.

Scharfe Krallen
Die spitzen sichelförmigen Krallen an den Pfoten sind die wichtigste Waffe der Katze. Normalerweise ruhen sie eingezogen in den häutigen Krallenscheiden. Nur zu Angriff und Verteidigung, bei der Jagd, beim Klettern und beim Krallenschärfen werden sie vorgeschnellt. Katzenbabies können in den ersten Tagen die Krallen noch nicht einziehen.

Sehen – hören – riechen – tasten

Gesichtssinn: Hauskatzen sehen bei Tageslicht etwa so gut wie der Mensch. Die Lichtempfindlichkeit, besonders für kurzwelliges Licht, ist ungefähr sechsmal so hoch wie beim Menschen.
Das Katzenauge stellt sich sehr rasch auf Dunkelheit um. Auch ganz geringe Lichtmen-

gen werden durch eine besondere Schicht hinter der Netzhaut reflektiert und dadurch bestmöglich ausgenützt.

Katzenaugen: Die Pupillen sind bei Dunkelheit offen, bei Helligkeit zu Schlitzen verengt.

Gehör: Katzen hören ausgezeichnet, auch für uns Menschen nicht wahrnehmbare Geräusche. Sie können, wichtig besonders für das Aufspüren der Beute, Geräuschquellen (zum Beispiel das unterirdische Laufen einer Maus!) sehr genau orten.
Die Ohrmuscheln werden reflexartig als »Schalltrichter« in Richtung des interessierenden Lautes bewegt. Ein Katzengehör funktioniert zwischen 500 Hertz und 7 Kilohertz. Oberhalb von 12 Kilohertz ist das menschliche Gehör besser.
Geruch: Auch der Geruchssinn ist bei Katzen gut entwickelt. Sie unterscheiden die »Duftmarken« einzelner ihnen bekannter Katzen und stellen mit der Nase fest, wenn fremde Tiere im Revier auftauchen. Nach dem Beriechen einer fremden Duftmarke werden sie automatisch vorsichtiger und alarmbereiter. Der bekannte Verhaltensforscher Professor Paul Leyhausen nimmt an, daß Urinmarken (= Duftmarken = fein verspritzter Urin an bestimmten Stellen, beispielsweise Reviergrenzen) nachfolgende Hauskatzen informieren. Etwa so, daß eine frische Marke bedeutet: »Geh' hier nicht weiter«, eine ältere: »Du kannst vorsichtig weitergehen«, eine sehr alte: »Durchgang frei«.
Jagdreviere überschneiden sich oft räumlich, Katzen sind aber am liebsten allein unterwegs, jedenfalls, wenn sie auf Beutefang gehen. Deshalb ist die zeitliche Reviereinteilung durch Duftmarken sehr praktisch und hilft, Zusammenstöße zu vermeiden.
Tastsinn: Die Tasthaare in der Schnauzenregion, aber auch über den Augen und an der Innenseite der Vorderpfotengelenke sind länger und steifer als die übrigen Haare. Die Haarbalgrezeptoren (= Nervenendigungen an den Haarwurzeln) melden Engstellen und Abbiegungen in einem Durchgang. Ohne Schnurrhaare wären Katzen vor allem im Dunkeln recht unsicher. Sie könnten enge Durchgänge dann kaum richtig einschätzen.

Gleichgewichtsreflexe

Da Hauskatzen wie ihre Vorfahren klettern, ist der Gleichgewichtssinn für sie lebensnotwendig und deshalb gut ausgebildet. Gleichgewichtsänderungen lösen Haltungsreflexe aus, die es den Tieren ermöglichen, bei freiem Fall aus einer Höhe bis zu knapp 3 Meter sicher auf dem Boden zu landen (→Seite 18). Sie drehen sich von der Rücken- in die Bauchlage und kommen mit den Füßen auf. Dabei dreht sich zuerst der Kopf, dann der Vorderkörper und zuletzt der Hinterkörper in die Normallage.
Auch für das Raum- und Gleichgewichtsempfinden sind die Tasthaare von Bedeutung.

Die Katzensprache

Katzen können, was sie empfinden, genau und unmißverständlich ausdrücken. Soziale Kontakte spielen in ihrem Leben eine viel größere Rolle als meist angenommen wird: Besonders eng und innig zwischen Mutterkatze und Kätzchen, als eine Art loser Freundschaft zwischen erwachsenen Tieren, bei der Paarung und während nächtlicher Treffen, die man als eine Art »gemütliches Beisammensein auf Abstand« bezeichnen kann. Und in der Bindung an »ihren« Menschen. All diese Beziehungen können sich natürlich nur dank vielfältiger Verständigungsmöglichkeiten so differenziert entwickeln.

Körpersprache

Entspannte Haltung ist mit entspannter Stimmungslage gleichzusetzen. Sie ist nur möglich, wenn das Tier sich wohl und sicher fühlt. Dieser Zustand drückt sich im Gehen, Stehen, Sitzen und Liegen gleichermaßen aus.
Auch *gründliche Katzenwäsche* ist ein Zeichen von Ruhe und Ausgeglichenheit. Beunruhigte Tiere zeigen allenfalls unvollständige

Die Katze wäscht sich: ein Zeichen, daß sie ruhig und ausgeglichen ist.

»fahrige« Putzbewegungen, denen man ansieht, daß sie nicht bei der Sache sind. Beim *Liegen oder Sitzen* halten völlig entspannte Katzen die Augen oft halb oder ganz geschlossen. Zumindest sind die Pupillen zu

In dieser Haltung, die oft von Schnurren begleitet ist, begrüßt die Katze ihre Bezugsperson.

Schlitzen verengt. *Entspannte Ruhelage,* zusammengerollt, langgestreckt auf der Seite oder in der sozusagen »klassischen Katzenschlafstellung« mit untergeschlagenen Pfoten (wir nennen das »Müffchen«, weil die Vorderpfoten dabei wie ein Muff wirken) zeigt Schlafbedürfnis an, zumindest aber den Wunsch, genüßlich zu dösen. Katzen träumen wie Menschen nur im Tiefschlaf, nicht im leichten Schlaf oder im Dösen. *Was* sie träumen, können Sie manchmal ahnen; Sie können es an Bewegungen von Pfoten, Mäulchen und Schnurrbart ablesen. *Köpfchengeben* (→ Seite 51) ist die zärtliche Begrüßungsgebärde zwischen befreundeten Katzen, Katzenkindern und Katzenmutter, Katzen und

»ihren« Menschen. Kopf, oft auch Körperseite, werden liebevoll an dem Begrüßten gerieben. Dazu gehört normalerweise Schnurren und *der hochgetragene, steil aufgereckte Schwanz,* der vergnügte, angstfreie Stimmung anzeigt. Der *Katzenbuckel* mit anschließendem Strecken und Gähnen, nach dem Schlaf zu beobachten, zeigt Behaglichkeit und innere

Aufmerksames Beobachten: Gespannte Körperhaltung, nach vorne gerichtete Ohren.

Ruhe an. Die Katze läßt sich Zeit zum Aufwachen. *Begrüßungsschnuppern* zwischen befreundeten Katzen sieht so liebevoll aus wie es gemeint ist und erinnert entfernt an einen Kuß.
Angespannte Haltung mit nach vorn gerichteten Ohrmuscheln bedeutet Aufmerksamkeit. Sind außerdem die *Ohren zurückgelegt,* die *Muskeln angespannt,* das *Fell leicht gesträubt,* der *Schwanz heftig bewegt,* bedeutet das Angriffs- und Kampfbereitschaft. Hebt das Tier außerdem eine Vorderpfote, ist es bereit, sich zu wehren. *Angespannte Haltung* bei zurück-

Angriffshaltung: Geducktes Anschleichen und Konzentration kurz vor dem Sprung.

gelegten Ohren und an den Boden geducktem Körper ist Zeichen höchster Angst.
Daß Ähnlichkeit mit dem Signal für Angriffs- und Kampfbereitschaft besteht, kommt nicht von ungefähr. Denn natürlich sind Wut und Aggressivität latent vorhanden – genau wie beim Menschen, der in die Enge getrieben wird. Deshalb: Läßt es sich einmal nicht vermeiden, daß Sie Ihrem Tier eine extreme Angstsituation zumuten (Tierarzt), seien Sie geduldig und liebevoll, aber auch vorsichtig. Panik kann bei manchen Katzen in verzweifelte Aggression umschlagen. Eine meiner zahmsten Katzen, die ich für die Narkosespritze auf dem Operationstisch festhalten mußte, riß sich plötzlich los. Sie schlug nach mir, daß ich einen blutenden Kratzer quer über eine Backe hatte und versteckte sich unter dem Schreibtisch. Sie tat mir leid – ohne diese verzweifelte Ausnahmesituation wäre so etwas nie denkbar gewesen.

Abwehr-Reaktion: Schreck-Drohen mit gesträubtem Fell und Fauchen.

Sonderteil: Katzen verstehen lernen

Gesträubtes Fell zeigt Schrecken an. Der gesträubte Schwanz sieht dabei oft wie eine Flaschenbürste aus, die mittleren Rückenhaare wie eine Art Kamm (→Seite 65). Das ganze Tier wirkt größer und breiter – was vielen Gegnern Eindruck macht. Katzenbuckel, gekrauste Nase, nach hinten gezogene Mundwinkel, steil aufgerichtete, nach auswärts gedrehte Ohren bedeuten weitere Steigerung der abschreckenden Wirkung. So »aufgeplustert« verjagen zum Beispiel zum Äußersten entschlossene Katzenmütter Hunde aus der Nähe des Nestes. Sie stürzen sich dabei nicht geradeaus, sondern schräg mit der Breitseite auf den Gegner – wohl auch, um dadurch größer zu wirken.

Der Galopp in Schreckstellung kann aber auch für junge oder schon erwachsene Katzen etwas ganz anderes sein: ein übermütiges Kampfspiel ohne jeden ernsten Hintergrund. Wenn Putti abends im Garten ist, »überfällt« sie uns gern so und reagiert auf unsere ungeschickt nachgeahmten Hüpfer stets mit temperamentvollen »Schreckstellungstänzen«, die die normale Schreckhaltung komisch übertreiben.

Hin- und Herschlagen mit dem Schwanz, das auf Hundekenner wie Wedeln wirkt, zeigt Erregung und Spannung an, also etwas völlig anderes als beim Hund! Je rascher und kräftiger der Schwanz schlägt, desto stärker ist die Erregung. Sie können das vor Kämpfen beobachten, aber auch, wenn Beute belauert, Kampf oder Beutefang nur gespielt werden.

Lautsprache

Miau, der bekannteste »Ausdruck« der Katzensprache, kann sehr unterschiedlich klingen: klagend, fordernd, fragend, aufgeregt. Wenn Sie gut aufpassen, werden Sie nach einiger Zeit verstehen, wie es gemeint ist. Ungefähr wie »Mä-arr-rau« mit gerolltem R klingt der Brunstschrei der Kater, ein abgewandeltes Miau. Wir Kinder übersetzten es immer mit »Mei Frau, mei Frau!«

Gegurrtes Rrrr, tiefer beginnend, heller endend, bedeutet immer Zärtlichkeit. Katzenmütter reden so mit ihren Kindern, Kinder mit Müttern, Kater mit ihrer Erwählten, Katzen während der Rolligkeit. Und alle zahmen, wirklich gut gehaltenen Hauskatzen mit »ihren« Menschen.

Schnurren drückt immer Wohlbehagen aus und ein Gefühl der Geborgenheit. Können Sie sich etwas Gemütlicheres denken als eine schnurrende Katze im Zimmer? Katzenbabies schnurren am Bauch der Mutter, Katzenmütter, wenn sie ihre Kleinen säugen und putzen. Jede Katze schnurrt, wenn sie es sich auf einem warmen weichen Platz bequem macht. Die Lautstärke ist individuell verschieden.

Keckern, das sich anhört, wie ein sehr rasches helles »Jäk-jäk-jäk« ist ein Zeichen für Jagdeifer. Vor allem, wenn die Beute kaum erreichbar scheint: Vögel, Schmetterlinge, Fliegen und Käfer irgendwo hoch droben oder hinter dem geschlossenen Fenster.

Fauchen mit verzogenem Gesicht, meist gekrauster Nase, bedeutet ganz unmißverständlich Feindseligkeit.

Knurren ist ein Laut, mit dem Gegner vor dem Angriff gewarnt, aber beispielsweise auch junge Katzen von der Mutter auf Gefahren »hingewiesen« werden. Sie knurrt, wenn ein Hund bellt oder wenn ein von ihr gefürchteter Mensch vorbeikommt. Die Jungen verstehen den Ton und nehmen sich entsprechend in acht – oft wichtig fürs Überleben. Man kann immer wieder beobachten, daß zu früh von der Mutter getrennte Kätzchen zu sorglos und dadurch gefährdet sind. Es fehlt ein Stück »Erziehung«.

Sonderteil: Katzen verstehen lernen

a)

b)

c)

Verhaltensstudien am Beispiel Hauskatze.
Reihe 1 (von oben nach unten): a) ruhig-ausgeglichen, b) aufmerksam, c) konzentriert beobachtend.
Reihe 2 (von oben nach unten): a) beunruhigt, b) drohend, c) drohend-knurrend.
Reihe 3 (von oben nach unten): a) drohend-jaulend, b) drohend-fauchend, c) Schrei und Angriff.

Langgezogenes, an- und abschwellendes Heulen mit plötzlichen Fauchexplosionen am Schluß ist die übliche Einleitung von Katerkämpfen. Mir fallen dabei die gegenseitigen Beschimpfungen griechischer Helden vor bewaffneten Auseinandersetzungen ein!

Verhaltensgestörte Katzen

Verhaltensstörungen von Katzen entstehen durch überstarke Erlebnisse von Schrecken, körperlichen oder emotionellen (= seelischen) Entbehrungen. Aber auch durch ein

allzu eingeengtes reizarmes Leben, das zu wenig Raum gewährt: für körperliche Bewegung, zum Ausleben der natürlichen Instinkte, zur Betätigung des Spieltriebs.
Nicht immer ist der Mensch direkt schuld. Misa rief schon kurze Zeit nach Beppis Geburt wieder nach dem Kater und bald war ein neuer Wurf unterwegs. Und als Beppi kaum sechs Wochen alt war, begann die Mutter, sie unfreundlich zu behandeln. Saugte das Kätzchen bei ihr, schüttelte sie es oft nach kurzer Zeit ab und lief davon. Es wurde nur noch flüchtig oder gar nicht geputzt. Und immer häufiger angefaucht oder angeknurrt, wenn es sich an der Mutter rieb, sich ankuscheln oder mit ihr spielen wollte. Der natürliche Ablösungsvorgang setzte zu früh ein, ausgelöst dadurch, daß die Alte ihre Kräfte vorzeitig für den neuen Wurf brauchte.
Obwohl Beppi stets satt wurde und wir uns viel um sie kümmerten, konnten wir die Auswirkungen des gar nicht mütterlichen Verhaltens nicht völlig ausgleichen. Beppi reagierte schreckhaft, sobald die alte Katze in der Nähe war, versuchte aber doch immer wieder, bei ihr zu trinken.
Ich wollte Beppi die wenige Muttermilch, die ihr noch gewährt wurde, so lang wie möglich erhalten. Deshalb ließ ich die Mutter erst direkt vor der Geburt des neuen Wurfes (der dabei getötet wurde) sterilisieren. Ich hätte die Kleinen nicht unterbringen können.
Als Misa sich zwei Tage später einigermaßen erholt hatte, begann sie, die inzwischen sehr selbständige Beppi wie ein Neugeborenes zu behandeln. Sie war außer sich, wenn das Kätzchen draußen herumsprang, lockte mauzend und gurrend.
Wenn nichts anderes half, packte sie das dafür viel zu große Kind am Nackenfell und schleifte es ins Nest. Eine mühsame Sache, denn Beppi verfiel nicht in Tragstarre, sondern zappelte aus Leibeskräften. Zufrieden war die besorgte Mutter nur, wenn das Junge bei ihr lag und schnullte. Waschen ließ es sich aber nicht mehr und erst recht nicht »trocken legen«. Mutter Misa war eben instinktiv auf den neuen Wurf eingestellt, der ihr genommen worden war. So »wählte« sie notgedrungen Beppi als Ersatzobjekt ihres Brutpflegetriebes. Die Folge: Beppi war völlig verunsichert, ängstlich und aggressiv zugleich. Das sind ja auch bei uns Menschen meist die beiden Seiten der gleichen Münze!
Sie hatte »Launen« fremden Menschen, aber manchmal auch uns gegenüber. Sie ließ sich zum Beispiel streicheln und hieb dann plötzlich mit unwilligem Mooauauau! ohne Vorwarnung nach der streichelnden Hand oder biß hinein. Etwas für eine seelisch gesunde Katze Undenkbares! Normalerweise ist die deutliche Vorwarnung in Haltung und Mienenspiel nicht zu übersehen!
Kater Munk, einen Findling, erhielt ich in vor Angst geradezu verrücktem Zustand. Man brachte ihn mir, verpackt in einem kaum gepolsterten Blecheimer mit durchlöchertem Deckel, am Lenker eines Motorrads hängend, Fahrzeit 2 Stunden! Das Ganze nicht etwa aus Grobheit oder Sadismus, sondern aus völliger Ahnungslosigkeit!
In den ersten Tagen saß der arme Kerl fast nur mit großen Augen unterm Schrank, aß und trank nur, wenn ich nicht da war. Ich ging stets auf Zehenspitzen, sprach nie mit normaler Stimme, sondern immer nur flüsternd mit ihm. Lärm war ja schuld an seiner Verstörung. Mit der Zeit faßte er Zutrauen, ließ sich streicheln, ertrug normales Reden ohne Angst. Schließlich war er soweit stabilisiert, daß ich ihn ins Freie lassen konnte. Langsam »eroberte« er sich den Garten und die an-

grenzenden Felder und führte schließlich ein freies Katerleben mit Mäusen, Liebes- und Raufhändeln. Und er war zärtlich und anschmiegsam, wie nur wenige meiner anderen Katzen. Die panische Furcht vor Motorgeräuschen aber verlor er nie.
Putti, die die Kinder zusammen mit drei winzigen Katzengeschwistern halbverhungert auf freiem Feld fanden, hat auch jetzt noch, nach fünf Jahren, eine Art Hungerkomplex. Sie schlingt, gar nicht katzengemäß, ihr Futter in rasender Eile hinunter. Obwohl sie bei uns natürlich regelmäßig und reichlich gefüttert wird. In der ersten Zeit führte das meist dazu, daß sie einen großen Teil des Futters wieder erbrach. Da mir das nicht gefiel, bekam sie durchgedrehtes Fleisch, das auch bei hastigem Schlucken drin blieb. Um sie zum Kauen zu bewegen und Zähne und Zahnfleisch gesund zu halten, versuchte ich es zusätzlich mit Knabber-Brekkies. Und siehe da – sie begann endlich gründlich zu kauen! Daß sie die Milch- und Breischale nach wie vor viel zu schnell leert, verträgt sie anscheinend gut.
Diese Beispiele haben Ihnen sicherlich klargemacht, daß böse Erfahrungen auch bei Tieren zu Neurosen führen können.
Nur verständnis- und liebevolle Behandlung, die natürliche Wesensart und natürliche Bedürfnisse berücksichtigt, läßt eine Katze sich normal entwickeln und normal bleiben.

Falsche Katzen – gibt es die?

Einer alten Tante, die Katzen nicht leiden kann und fragte, wie wir nur mit diesen falschen Tieren leben könnten, antwortete mein Mann: »Wieso – wir haben nur echte Katzen!«
Aber Spaß beiseite: Katzen zeigen, was sie empfinden, und sie kündigen Angriff oder Verteidigung durch unmißverständliches Warnverhalten an. Einige Katzenerlebnisse allerdings lassen mich glauben, daß es Ausnahmen von dieser Regel gibt; ein Beispiel: Muschi war herrenlos als ich begann, mich um sie zu kümmern. Sie dankte mir meine Fürsorge durch besondere Anhänglichkeit. Dann kam eine Schäferhündin, Senta, ins Haus, ein liebes, aber ein wenig ängstliches Tier, das schon durch viele Hände gegangen war. Um Zusammenstöße auszuschließen, nahm ich Muschi auf den Arm, Senta am Halsband und redete »vernünftig« mit beiden: Daß sie sich vertragen müßten, keiner dem anderen etwas tun dürfe. Obwohl sie bestimmt kein Wort verstanden, begriffen sie. Die Hündin war friedlich, die Katze ohne Angst.
Dann spielte sich fast Abend für Abend das gleiche ab. Senta lag auf der Wiese hinterm Haus. Die Katze kam, schnurrte freundlich, rieb sich an der Hündin, gab Köpfchen – die typische Grußgebärde aller Katzen –, um ihr dann plötzlich blitzschnell die krallenbewehrten Pfoten um die Ohren zu hauen und davonzurennen. Senta, ganz folgsamer Hund, traute sich nicht einmal zu drohen und stand mit eingeklemmtem Schwanz da, ein Bild des Jammers. Was im Kopf der Katze vorging, weiß ich nicht genau. Aber ihr Benehmen aus gesicherter Position heraus wirkte sehr menschlich!
Auch Hunde verfügen, vielleicht noch ausgeprägter, über ähnliche »Verstellungskünste«, die weniger von Falschheit als vielmehr von Intelligenz zeugen. Trotzdem redet kein Mensch von »falschen Hunden«. Das Vorurteil Katzen gegenüber ist gefühlsmäßig negativ. Hoffentlich wird es überwunden – und hoffentlich kann dieses Buch ein wenig dazu beitragen.

Sachregister

Kursiv gesetzte Ziffern: Seitenzahlen der Farbfotos

Sachregister/Bücher und Adressen, die weiterhelfen

Bücher, die weiterhelfen

Leyhausen, Paul, Verhaltensstudien an Katzen; Parey Verlag, Berlin.

Schneider, Walter, Knaurs Katzenbuch; Droemersche Verlagsanstalt, München.

Wolff, Rosemarie/Braemer, Helga, Rassekatzen; Belser Verlag, Stuttgart.

Zeitschriften:
Unsere Katze; Fachorgan des Bundes der Tierfreunde Deutschlands e. V. und der Vereinigung der Katzenfreunde Deutschlands e. V.

Die Edelkatze; Illustrierte Fachzeitschrift für Rassekatzenzucht, Fachorgan des 1. Deutschen Edelkatzenzüchter-Verbandes e. V.

Das Tier; Die Internationale Illustrierte für Tier, Mensch und Natur; Hallwag Verlag, Bern.

Sielmanns Tierwelt; Parey Verlag, Hamburg.

Der Katzenfreund; Fachorgan der Fédération Féline Helvetique.

Adressen, die weiterhelfen

Deutscher Edelkatzenzüchter-Verband e. V., Leibnizstraße 18c, D 6200 Wiesbaden-Sonnenberg.

Klub der Katzenfreunde Österreichs, Engerthstraße 152 a/I/2, A 1020 Wien.

Fédération Féline Helvetique, Schweighofstraße 396, CH-8055 Zürich.